追籌碼賺1億②

麥克連教你

挑選會飆的 法人認養股

麥克連◎著

第3篇 選股篇》
讀籌碼抓對飆股

第4篇 期貨篇》
拉高槓桿加速獲利

第5篇 選擇權篇》
多重戰法靈活操作

記錄是枯燥的 但賺錢是喜悅的

亦師亦友麥克連的第 1 本書《小散戶這樣追籌碼賺 1 億》，果然得到大家熱烈的回響，就如同我第 1 次在他家中聽到他的故事感到震驚與欽佩一樣。睽違 18 個月後，我們終於幸運地能夠再一睹麥克連的第 2 本書。

我們相信，大家在追求美食、放颱風假的小確幸之外，心中一定都還有不服輸、永不放棄的氣魄，正所謂「佛爭一炷香、人爭一口氣」。麥克連人生的磨難不少，但是他跌倒了再爬起的人生態度、實事求是的操作方法，最後克服人性的貪婪在股市中持續獲利，不是含著金湯匙出生卻能為自己開創出一片天，無疑地為我們在股海再次點亮了一盞明燈。

這段期間，麥克連工作之餘，有更多機會與大家分享他在股票、期貨、選擇權的操作方式。因為工作繁忙，我們見面的次數變少，到烏來泡溫泉的習慣也因一場豪大雨，場地受損而暫緩。好在，這段期間麥克連每隔幾天會在自己的 FB 粉絲頁貼文。我也因此

能沾大家的光,化身為麥克連的粉絲,透過 FB 追蹤他的看法。

看到有更多的朋友跟著麥克連,每天一起用 Excel 記錄大盤、期貨以及外資、投信買賣超張數排行榜,甚至還有朋友已經可以用自動化的方式每天產生這些紀錄。相信大家一定可以體會到:與其到處聽明牌、聽消息,隨著市場起舞,不如靜下心來面對自己與各種資訊,扎實地留下各種科學的紀錄,反覆地抽絲剝繭,才是股市穩健獲利的致勝之道。

儘管跟麥克連已經認識 13 年了,在寫本文前,又再次將第 1 本書看了 1 遍,這位好友的人生故事真的是非常勵志,每隔一段時間再讀,對於自己都有不同的省思與啟發。建議您在閱讀本書之前,可以先看完第 1 本書,再來詳讀這本書關於判讀與記錄大盤、個股操作、期貨、選擇權的實戰分享,一定收穫更大。最後,與您分享亦師亦友麥克連的一句經典名言:「每天做記錄是枯燥的,但賺錢是喜悅的!」

誠鈺會計師事務所主持會計師

破解股市財富密碼

一個已經從股市賺到 1 億元的散戶，他的生活該是何種模樣？每天輕鬆滑手機找樂子、到處尋訪佳餚美酒、1 年出國旅行好幾趟？我所知道的麥克連，卻是每天清晨即起，在開盤前至少有 2 小時的觀盤與做功課時間，讓自己在台股敲響開戰鐘之前，擬定好攻防的策略，做足進入作戰的萬全準備。

這樣勤勉的人，你不得不佩服他，成功絕非僥倖；更難能可貴的是，在股市獲得巨大成功後，他並沒有鬆懈，反而更加精益求精。在麥克連的第 1 本書《小散戶這樣追籌碼賺 1 億》問世迄今 1 年多時間裡，他花了不少時間回答讀者問題，在臉書粉絲頁發表對盤勢的看法，同時，還要兼顧工作，但他仍堅持每天站在股市實戰的第一線，磨練自己的操作技巧，找尋更精準的操盤指標。

如非精益求精的態度，想在變動激烈的台股市場持續賺錢絕非易事，追籌碼操作術就是在觀察買賣雙方的行為變化，然而市場行為卻非靜態，就以外資來說，過去在期指多單留倉超過 2 萬口

就算是相當看多，3萬口以上的狀況十分罕見，但2016年以來迄10月底，外資多單留倉低於2萬口的交易日，反而相當稀少，甚至長期保持在7萬口以上，高點一度突破9萬口。為什麼會這樣？外資的操作手法變了嗎？

其實，追籌碼的操作邏輯沒變，但觀測標準必須與時修正，才能精準掌握市場的多空脈動，正因為麥克連的勤勉研究與時刻站在股市第一線，方能及時提供讀者第一手的洞見。

股市贏家與輸家的差別常在於資訊落差，早期，市場資訊匱乏，市場大戶因掌握訊息管道較多，故容易勝出，但平心而論，當前股市資訊爆炸，俯拾皆是，該如何正確解讀？從一堆公開的原始資料中經過計算與分析，以窺見多空密碼，這就是一門學問了。散戶何其有幸，居然有像麥克連這樣的資料解讀高手，願意不藏私分享自己的研究心得，我亦感榮幸，能將這本股市賺錢祕笈推薦給散戶朋友們。

《Smart 智富》月刊社長

▶▶ Chapter 1

準備篇》
新招式迎戰變局

1-1 全球市場出現重大變化 這本書教你2大實戰重點

自從第 1 本書《小散戶這樣追籌碼賺 1 億》出版以來，我收到讀者的熱烈回應，來信中除了詢問投資的相關問題之外，也對於書中的內容提出一些看法，在此很謝謝各位讀者，古人說，「教學相長」，應該就是這個道理。

我在 2008 年金融海嘯時，資產一度從市值 1 億元的高峰，跌到剩下 100 萬元本金，損失了 99%，10 年累積付之一炬。我深覺自己的不足，因此開始長達 1 年的閱讀及上課之旅。在讀了幾本書、上了幾次課之後，我發現有實戰經驗、在市場賺、賠過的老師，才能切中投資市場、說出我的需求，而那些很少在市場上交易，或是沒賠過大錢的老師，都只會空談理論，沒有一套完整、有邏輯的做法來講述該如何投資。

另外，有好幾次讀到的書籍，全書有 3/4 在講自己的故事，

剩下的部分才是他的操作方法，也由於篇幅有限，這類書就只能是泛泛之談，看不出重點，也沒有我所重視的投資邏輯，而無法複製學習。因為這樣，我就偏好找有實際投資經驗的作者或老師，作為我的學習對象及目標。

在廣泛閱讀及上課之後，我開始發現籌碼有趣的地方，也開始觀察台灣證券交易所與台灣期貨交易所所公布的 3 大法人交易數據。從簡單的 3 大法人買賣金額統計表開始，到提供更多資訊的 3 大法人買賣超彙總表，讓我有如進入寶山，從中開始挖寶，配合自己的操作紀錄來一再修正，找出最適合的投資方法。

後來，我發現 3 大法人的籌碼中，外資與投信影響股價漲跌的力道最大，因此我就鎖定記錄外資與投信買賣超個股排行榜，從這 2 大法人的籌碼變化，找出比大盤更會漲的飆股、或是比大盤更會跌的放空標的。

重點1》加入期貨、選擇權戰法，增加獲利

因為利用股票獲利對我來說速度太慢，我又開始涉入期貨、

選擇權這類槓桿大的衍生性金融商品,而這些金融商品是否也有籌碼可供追尋?有的,就在台灣期貨交易所公布的許多資訊之中,如 3 大法人在期貨、選擇權的布局,以及大額交易人未沖銷部位,另外,我也會觀察新加坡交易所的摩根台股指數期貨的盤中走勢。

我透過這些期權的籌碼變化觀察大盤的漲跌,除了用以決定股票的多空部位之外,同時也讓我使用台指期貨與台指選擇權從中獲利,這是第 1 本書較少著墨的地方。

這本書裡我增加了不少期貨與選擇權的篇章,主要是我判斷大盤多空時就已經使用了許多期權的指標,當你判斷大盤多空的能力提升之後,善用期貨與選擇權,就可以適當地增加獲利,一舉多得。

當然,衍生性金融商品的複雜程度遠高於現貨,資訊多、交易行為複雜,所需要研判的資訊也更多。舉例來說,2009 年 4 月 29 日,因為籌碼的關係我看多台股後市,所以建立了一些選擇權的買權看多部位;到了 4 月 30 日,遠傳(4904)宣布中國移動(0941.HK)準備參股的消息,這種事關主權

的產業非常敏感，敢宣布這種消息，遂被外資預測當時的馬政府準備大舉開放陸資來台了。

這新聞讓我想起 2007 年港股直通車的盛況，當時中國政府在天津宣布「港股直通車計畫」，讓港股從 2 萬點在短短 2 個多月內上漲 1 萬點，漲幅 50%。投資人紛紛想像，若陸資真的大舉湧入，可望將港股直通車的盛況複製到台股，市場因此變得十分樂觀，加上台股當時基期偏低，使得加權指數一開始都跳空上漲，收盤漲了 6.74%（當時的漲停板是 7%），再加上我對摩台期的研判偏多，因此決定加大部位，此役讓我把 100 萬元快速放大到 1,000 萬元。當時我怎麼判斷？如何透過選擇權加大獲利空間？操作的細節我會在選擇權篇章詳細說明（詳見第 5 篇）。

透過衍生性金融商品可快速獲利，在台灣，與股票相關的，就是指期貨及選擇權。這類商品槓桿大，相對地盈虧也大，但操作上要比股票交易更小心，股票即使套牢還能坐領股息（前提當然是要挑對基本面好的個股），期貨與選擇權卻是零和交易，且有每月結算機制，結算日到了，會強迫將部位平倉，獲利無法長抱、虧損亦不能拗單，所以這類商品的買進及賣出要

抓好時機、善用指標,交易起來方能得心應手。

重點2》**指標判讀方法必須隨環境變化調整**

這本書除了增加期權的操作之外,對大盤籌碼變化我也增加了不少指標,還有因為台股大環境近期產生很大的變化,而略微調整判讀的方式。

2015 年 8 月底以來,外資期貨的未平倉多單口數變成常態性的至少 2 萬口以上,最高甚至曾到創紀錄的超過 9 萬口,已經跟我第 1 本書上所寫的空單萬口才看空、多單萬口為多頭的用法有所不同;但外資期貨未平倉口數仍是用來判斷大盤未來最重要的指標,不可輕言廢棄,在本書將會寫到為什麼如此,以及現在該如何判斷(詳見 2-4)。

還有,投資朋友也許有注意到,2016 年 ETF(指數股票型基金)的成交量大幅成長,恆常性地占台股成交額的 1 成以上。而且,台灣的 ETF 種類也大幅增加,有追蹤國內指數的 ETF,也有國外指數的 ETF,這些 ETF 除了傳統的正向 1 倍外,還有正向 2 倍、反向 1 倍,讓投資人多了很多的選擇,也給

了外資及國內法人一個很好的套利空間；但是交易工具一直推出，也讓原來的籌碼計算增加了難度，例如前 5 大交易人的部位，就因反向型的 ETF 大增而產生失真的情形，如此，要如何判斷？以何為準？也會在本書裡詳述（詳見 2-7）。

另外，由於台股成交量持續下降，也使得融資成交量的起伏變小，以融資多寡來衡量散戶參與市場的指標性意義下降；但是，台灣期貨交易量卻逐漸增加，就全球金融類指數來比較，台灣期交所的交易量已進到全球前 10 名，期貨的參與者變多，我們就可以利用期貨的部位，來研判散戶在期貨的多空想法，這個散戶指標，已成為另一個判斷市場未來多空走向的利器（詳見 2-8），在我心中，重要性已比融資更高。

現在市場上的許多人都是從金融海嘯之後開始獲利，曾經歷金融海嘯這場可怕戰役且還活在市場交易的人已不多見，在股市，如能經歷一個大空頭及大多頭的波段洗禮，才容易在遇到大空頭來襲時不會不知所措，否則很有可能會面臨一再停損，又一再進場，然後再停損的窘境，台股成交量減少，外資及法人主導的籌碼已成為市場的主導力量，常記錄、多研判，方能使自己立於不敗之地，進而賺得你想要的財富。

1-2 2件事帶來連鎖效應 台股出現「超冷靜」萬點行情

　　這本書判讀大盤指標跟前一本書略有不同，主要是 2016 年到 9 月為止，全球金融界有 2 件大事：第 1 件是歐、日央行實施「負利率」（詳見註 1）、第 2 件是英國脫歐公投成功，並預計在 2018 年完成脫歐程序。這 2 件事情的共同結果就是讓全球央行加大寬鬆的力道，也使美國聯準會（Fed）的升息腳步變慢。

　　負利率是什麼意思？就是你把錢放在銀行，不只沒有利息可以領，還需要支付利息，央行的目的就是要把錢趕出銀行，希望逼大家去消費、去投資房地產、股市等。

註 1：負利率

2016 年初日本央行宣布將實施負利率，把利率訂在負的 0.1%；歐洲央行（ECB）也下調歐元區的基準利率，由原本的 0.05% 下調到零，其他關鍵利率，包括歐元區隔夜貸款利率和隔夜存款利率分別降至 0.25% 和負 0.4%。

關於負利率我有切身的體驗。由於目前我的工作是研究及投資全球的股票及債券市場，難免會接觸到全球主要的貨幣，但有 2 種貨幣最令我頭痛：一個是歐元，一個是日幣。

為什麼呢？因為它們是負利率的貨幣，一旦存放太多這兩種貨幣在銀行（國外的銀行，不是台灣的銀行），就會被銀行收取保管費，至於多少是太多呢？答案是「1 萬歐元」（約合新台幣 35 萬元）。天啊！你能想像把太多錢放在銀行還會被收取保管費？由此可見，全球央行為了救經濟，已到了無所不用其極的地步了。

而英國脫歐公投則是 2016 年 6 月著名的黑天鵝事件，原本大家以為英國脫離歐洲公投是不會過的，沒想到卻過關，此事件對歐元區景氣的衝擊讓歐洲很緊張，更不可能在此時升息、緊縮資金。

台股殖利率居全球冠軍，吸引外資熱錢湧入

在全球資金氾濫再氾濫之下，錢要到哪裡去呢？放眼全球股市，亞洲股市殖利率是相對較高的，其中，政經環境比較穩定、

流動性又佳的，才是外資的選項，台灣股市的現金股息殖利率居冠（詳見圖1），對外資又友善，在負利率的環境之下，外資要投資股市當然就會選擇台灣。

外資交易台灣股票，依不同外資的特性，交易方式有很多種，包括主動式的基金與被動式的基金（ETF，指數股票型基

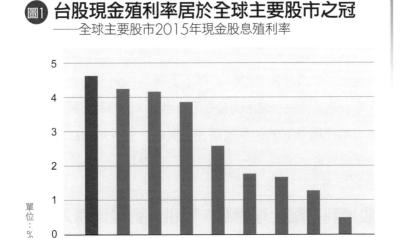

圖1 台股現金殖利率居於全球主要股市之冠
——全球主要股市2015年現金股息殖利率

單位：%

註：台灣近8年平均股利殖利率4.2%也居世界第1，到2016年5月為止為4.69%
資料來源：證交所、彭博　整理：麥克連

金）。舉例來説，有一檔 ETF：「iShares MSCI Taiwan ETF（EWT.US）」，這是一檔成交量不小的 ETF，平均每日約有 1,000 萬單位的交易量，跟全球的 ETF 相比，這檔算是滿熱門的。

全球有愈來愈多的投資人包括退休基金、財團法人，資金運用相對保守，過去大部分存在銀行孳息，但是銀行利息現在愈來愈低，甚至變成「負利率」，資金沒辦法有效運用，導致不少資金只好轉向投資 ETF，在全球找尋較為穩定、殖利率較高的 ETF。

這檔台股 ETF 因為殖利率不錯，平均殖利率約有 3.9%（統計至 2016 年 8 月，資料來源：彭博），交投熱絡，成為退休基金、校務基金的愛好標的之一。

只要有投資人買這檔 ETF，發行 ETF 的公司就必須到台股來建立部位，但是這幾年台灣股票市場的成交量卻愈來愈小，當外資在股票市場下單卻沒辦法買到足夠的量，或是一下單就會影響價格、把價格愈買愈高，加上股票市場流動性不佳，外資就會轉向期貨市場。

股票市場成交量愈來愈小，外資改擁抱期貨

相對於期貨市場，股票市場被稱為「現貨市場」，台股現貨成交量愈來愈小，期貨市場卻愈來愈大，容易進出、不會影響價格。正向循環之後，外資將錢留在期貨市場的水位愈來愈高，當天收盤沒有賣掉的期貨部位，在期交所稱為「未平倉口數」（詳見註2）。

台灣期交所的期權口數成交熱絡的時候，甚至還會跑進全球期貨交易所金融指數類市場成交量前10大，所以歐洲交易所才會跟我們合作，推出歐洲台指期貨（歐台期）、歐洲台指選擇權（歐台選），就是因為台灣的期權交投狀況是很有世界地位的。

台股的期貨市場對外資來說好進、好出，成為愈來愈多外資前進台股的管道，在資金氾濫的推波助瀾之下，2015年8

註2：未平倉口數（OI，Open Interest）
是指在交易收盤後，期貨交易所統計市場上，當天所有尚未結清的買進部位或賣出部位的總和。外資未平倉口數就是指外資在期貨市場還沒有結清的買進部位或賣出部位的總和，若總和為買進部位多於賣出部位，即稱為多單未平倉量，反之則為空單未平倉量。

月底之後，外資在期貨市場的未平倉口數，再也沒有出現過去我們認為看空的「負數」，因此，現在解讀外資未平倉口數的方式要跟以往略有不同，要從相對數字來觀察，而非絕對數字，判讀細節會在第 2 篇解釋（詳見 2-4）。

我覺得，除非再遇到金融海嘯，全球投資人把 ETF 或主動式基金瘋狂贖回，為了償付同時贖回的資金壓力，外資機構需把「基底」賣掉，不然的話，即使像是英國脫歐這種非全球性（屬歐盟地區）的大事件，也不大會影響到外資對台股持股的水位，2016 年外資對台股期貨持有的未平倉口數基底就是 2 萬口多單。

期權市場成交量愈來愈大，現股成交量卻緩慢地持續下降，台股成交量有多小？這裡有 2 個證據：

證據1》跟過去萬點行情時比，現貨成交量只剩一半

從加權指數月線圖來看就很明顯，前幾次台股指數到萬點附近時，成交量都會跟著萬點行情而熱絡；但最近一次 2015 年 4 月，萬點行情卻異常「冷靜」，人氣比前幾次萬點縮水至少一半（詳見圖 2）。

2015年的萬點行情成交量較過去縮水一半
──台灣加權指數、成交量月線圖

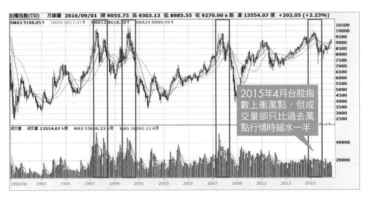

資料來源：XQ全球贏家　　整理：麥克連

 **台股期貨成交量節節攀升**
──台股期貨近月合約價格、成交量月線圖

資料來源：XQ全球贏家　　整理：麥克連

證據2》期貨市場成交量明顯大增

從圖 2 的月線看可以明顯看到，隨著上市公司掛牌家數愈來愈多，成交量應該呈現上漲，但台股現貨市場的成交量卻是逐漸下降；反觀期貨市場的成交量，卻可明顯看到逐漸上升（詳見圖 3）。

不公平的稅制，讓外資進台灣、內資卻外逃

台股成交量為何變得這麼少？我認為大多數的原因出自於稅負及外加費用，這部分歷年來對我們國人與外資不公平。

現行規定（至 2016 年 10 月），外資股利所得採取分離課稅，稅率 20%；本國自然人則是併入綜合所得稅，稅率最高 45%、本國法人併入營業所得稅，稅率 17%。本國自然人還有 1.91% 健保補充費，加上可扣抵稅額減半，總計所有的稅費，股利收入最高可能課徵到將近 47% 的稅，若加上證交稅千分之 3，幾乎是一半都交給政府。

美國股利也採分離課稅，稅率是 30%，相較之下，台股對外國人課的稅只有 20%，對外國投資人反而很有吸引力。

　　外資進台灣，但內資大戶卻向海外逃，除了上述的稅負之外，致命一擊是 2012 年政府要推的證所稅，那一波真的嚇走非常多的大戶，甚至我認識的大戶跑到海外去，然後再變成外資回來，但是錢跑出去之後，並非所有的錢再回來。

　　因為這些大戶的資金跑到海外後，若要回台下單台股，多數是透過外資券商，外資券商都會有財富管理部門及銷售人員，

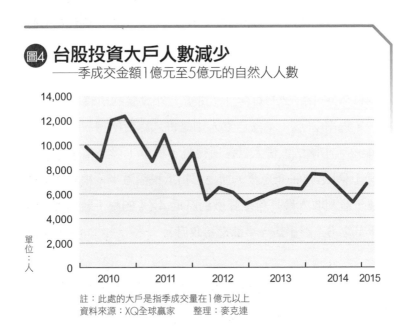

圖4 台股投資大戶人數減少
——季成交金額1億元至5億元的自然人人數

單位：人

註：此處的大戶是指季成交量在1億元以上
資料來源：XQ全球贏家　　整理：麥克連

過去這些外資券商不知道台灣有這些「貴客」，現在主動送上門，對他們來説是很有吸引力的，外資券商會協助客戶規畫、購買產品，包括有些產品是在台灣買不到的金融商品，而資金一到海外，就少了很多限制，可以交易的金融商品變得更多了。

錢到海外去，避稅的方法也更多了，獲利是中華民國政府沒辦法查得到的，所以很多人説，這些錢出海之後「開了眼界」，就不會願意回來了，據券商私下詢問大戶，這些資金跑出去後，只剩下一半回來。

2014年中國股市大漲，使台灣資金再外流

更致命的一擊是中國指數在 2014 年第 3 季開始上漲，不管是剛匯出台灣的資金，或是還在台灣的大戶，都忍不住透過各式管道，爭相跑去買賣中國大陸的股票。中國上證綜合指數由 2,400 點、2,500 點長期盤整區，在 1 年多的時間一路強漲，最高來到 5,178 點。不只價格翻倍，成交量也由起漲區每日成交量約人民幣 500 億、600 億元，在指數高點時，單日成交量竟然一度突破人民幣 1 兆元。

　　除了中國本土資金之外，海外資金也共襄盛舉推高中國股市，但基本上，中國是一個資金很好進，卻不是太好出的市場，所以，前些年錢進中國的資金，現在還有不少停留在中國。

　　台灣的稅負讓資金出走，先被外資券商攔截，再被中國大陸股市吸引，回到台灣的資金當然變少，導致台灣現貨市場的流動性變差。

　　但有趣的是，其實台股政經環境相對穩定、資本市場成熟，殖利率又居於全球主要股市之冠，反而很受外國資金青睞。可惜現貨市場量不夠大，導致愈來愈多的外資湧向台股的期貨市場，讓外資在期貨市場的未平倉口數居高不下，這是 2016 年台股最大的改變。

　　距我的上一本書出版已經過了將近 1 年半的時間，這段時期台灣股市出現了種種變化，要如何應對這些變化？以及參考哪些資訊，使自己更能安穩地在這個市場上獲利？將在本書中一一說明。

1-3 股市練功沒有捷徑 須反覆練習、建立操作系統

　　當我經歷過近億元的虧損之後，我才發現，一開始進入股票投資這個市場，最重要的是要找出一套最適合自己的規則，透過看書或是聽課等方式來建立自己進入股市的操作系統，如果沒有先建立一套系統依循地操作，對於股市的操作會變得隨波逐流，不只累積不了經驗，一旦遇到比較大的事情時，很容易反應不過來，讓你辛苦累積的資金一夕之間就歸零。

找出規則、不斷練習，才能內化成自己的系統

　　我從 1 億元賠到 100 萬元，再翻身拿回億元身價，我體會到，一套很棒的操作系統，規則要清楚簡單，讓人很容易記住，有了這些規則之後，接著必須要練習很多、很多次，不管練習是用較小的金額投入，或是紙上模擬操作，每一次練習完還要檢討，如此不斷重複練習檢討之後，這東西才會是你的。

　　人們常說，當你一件事情做 1 萬個小時以上，就會變成專家，這個道理也可以用在股票操作上面，就是要經過多次的練習、檢討，把它變成一個規則之後，慢慢就會變成自己的操作系統了。

　　在練習之前，得要找到有紀律的方法重複操作，培養規律性才有可能內化。或許你會說，但我現在根本不知道到底要用什麼方式進入市場，又怎麼會知道要重複操作什麼規則？沒錯！沒有一個人、也沒有一套方法，是一開始就確定會成功的，所以，現在不知道沒關係，但是要多方嘗試。你可以去讀書、可以去上課，一開始先用別人的方法開始進入市場，經過多次嘗試以後，就能知道什麼操作方法符合自己的需求。

　　以我的經歷來說，我在大學時期就踏入股票市場，那時完全不知道什麼是基本面、什麼是技術分析，更不用說根本不知道籌碼這回事，我就傻傻地拿我高中及大學打工賺的錢進入股市，也由於錢少，我只能買一些低價的股票，至於選股的來源，就完全來自於電視的投顧老師。

　　有些老師在講股票時會講一些很粗淺的技術分析，以及那家

公司的產業前景（他們稱之為基本面），至於何時該進、何時該出，我完全是依照電視上投顧老師的講法，所以都是買得高高的，幾乎都套牢，投資的報酬率當然是令我大受打擊。

不過大概是新手的運氣，那時低價的股票多是電子股，高價的金融股、傳產股及資產股我買不起，也就沒有受到後來1997年及1998年的亞洲金融風暴台股大跌的影響，受傷不至於太大。

只學片斷、無連貫邏輯，遇空頭賠掉一半資產

大學畢業當完兵後就進入了職場，那時有了固定薪水，開始希望能擁有自己獨立的判斷來投資股票，除了改不掉原來的習慣看電視找「明牌」之外，假日也開始泡在書局及圖書館裡。

在圖書館，是為了準備報考國外研究所；在書局，則是看遍了有關投資的書籍。那時最多的書籍就是股市的技術面及基本面，但還是以技術分析最多，那時沒有像現在這麼多的「達人」，市面上大多是翻譯國外的書籍，或是用個股來講解哪一個點位可以買進、哪一個價位可以賣出，大多是片斷的知識，

沒有一個連貫的邏輯可以學習。

　　不過,我非常幸運地遇上 1999 年及 2000 年的股市大多頭,加上那時投入股市的目的是賺出國念書的費用,所以沒有太貪,一有小賺就出場,被套牢就放著解套,反而累積了不少錢,但這種觀念遇到空頭來襲就慘了。

　　1999 年指數從 6,000 點左右開始上漲,到了 2000 年就到了台灣股市的第 2 次萬點行情——1 萬 393 點,那時是台灣第 2 次全民投票直選總統,國民黨的連戰先生、民進黨的陳水扁先生,以及親民黨的宋楚瑜先生進行三方廝殺,最後由於國民黨的分裂,使得陳水扁當選第 1 次政黨輪替的總統,也讓台灣進入了兩黨政治的紛爭及兩岸認同的紛擾。

　　1 萬 393 點是股市再也沒有回來的歷史高點,我那時申請到美國及英國的研究所,但 2000 年政治紛爭及網路泡沫破滅,使得我賠掉一半資產,剩餘資金只夠到英國的學校就讀。學成回台後,我又開始投入股市,也進入了衍生性金融商品市場,也就是期貨及選擇權,這時,我除了持續看書之外,也開始到投顧公司開設的課程去上課。

投資路上企圖追求「全知」，永遠不能停止學習

後來的故事我想大家在我的前一本書已經知道，2008 年金融海嘯讓我的資產蒸發 99%，當時我已經有家庭也有小孩了，還有房貸要付，所以也更讓我徹底思索到底是哪裡出了問題？到底是什麼地方我沒注意到？

我又開始回到初入股市的時候，選書念及選課程上課。請注意，是「選」，不是一味地「上」，因為我那時已經知道我要的是什麼了，而也剛好此時，台灣證交所及期交所開始公布 3 大法人在股票市場、期貨市場的買賣進出部位，讓我發掘了台股籌碼的祕密。

在這裡，並不是要講我有多厲害，主要想表達的是我也是從無知到知，再從知回到無知，最後再到另一個知的過程。

雖然我希望以後能達到「全知」的境界，上過我課的人，都知道我不只講述台股的東西，中國、美國的股市，各類商品如 ETF（指數股票型基金）、農產品及金屬品，還有債券、外匯期貨也是我有提到的市場或商品，當然，要全知是不可能的，

但是，這就是一個學習過程。

你不需要像我一樣走過這麼多的冤枉路，只要找到一個適合自己的方法，而學到後，更要去實做，而且是有紀律地做，這樣，終究一定會成功的。

各路門派自有其特色，找最適合自己的就好

市場上有各種不同的操作方法都可以賺到錢，但各自適合不同個性的人，譬如說有人的個性急，好處是反應很快，很適合短期操作，他可以學當沖或隔日沖，這正是適合短期操作的人，經過練習之後，就很容易內化成自己的方法。

假如有人的個性適合做中期操作，這又跟短期進出不同，經過嘗試之後，可能才會發現短期頻繁進出不適合他，那他就要找波段的操作方法來練習、內化，這樣才容易成功。

有些人適合更長期的存股，存股的方法與短期、中期的方式又不一樣，存股又有兩大類的操作方法，有一類是一直買、一直買，不斷地累積，不輕易賣出，為的是領取股票的股息；另

一類則是跟著股票的特性，找出長期的相對低點買進、長期的相對高點賣出，還是會買會賣，只是時間拉得相對長很多。

　　不管是短、中、長的操作方式，當你找到適合自己的操作規則，建立起一套操作邏輯，例如，什麼樣的條件進場、什麼樣的條件出場，先設定好，接著，就是有紀律地執行，不斷重複地練習、內化。

　　像我每天做這些功課，其實很枯燥又花時間，很多人都跟我反映，「太累了吧，Excel 表還分大盤跟個股，欄位還無敵多！」但是，只要想到最後會讓我賺到錢，就會覺得其實做功課是很有趣的，每一天持續、累積地做著這些股市的功課，等到你慢慢開始賺錢了，就會知道這些事情是有代價的，做這些事情也會變得很有趣。

練習的過程首先要學會保命，才能繼續練功夫

　　在江湖裡面歷練久了，自然就可以創造自己的絕招，不過，前提是「要活著」！就像學武功出去跟人家比武一樣，如果死了就不會成為天下第一。

在金庸的小說《射鵰英雄傳》裡，故事主角郭靖從蒙古要到中原的時候，他的其中一位師父跟他說：「打不贏就跑。」這句話讓我印象深刻！

沒有人一出江湖就是打遍天下無敵手的大師，一定是經過很多的一來一往，有成功、有失敗的無數戰役，才能把武功練到最好，繼而變成天下無敵，換句話說，如果沒有經歷過失敗，絕對無法成為天下第一。

但是想要成為天下第一，就得先學會保住命；可以被打敗，但不能被打死。不管用哪一套方法踏入江湖，最重要的前提是要把命保住，留得青山在，不怕沒柴燒！這本書裡，我也會提到停損的重要性，當你快要被敵人殺死的時候，就趕快投降停損，這樣才有本錢繼續在武林上練功夫。

學會招式、再從有招變無招，才能笑傲股市江湖

前面我強調，進入股票市場一開始一定要有「招式」，就跟古人學劍、學刀、學習武林功夫一樣，學徒一定是由一個簡單的招式、一個簡單的心法開始練習，才可能走到江湖去打拼。

但是接下來，要由一個平庸者成為大師、在股市裡賺到大錢，則要把「有招變無招」。

我再講個小故事。不知道讀者有沒有看過金庸的小說《笑傲江湖》？你也許沒看過《笑傲江湖》這部小說，但拜電影熱賣之賜，你一定聽過「東方不敗」這個人；這部小說中武功最強的人或許有人認為是東方不敗，但我認為是男主角令狐沖的太師叔「風清揚」。

風清揚雖然師承華山派的劍宗，但因緣際會學得了獨孤求敗創建的「獨孤九劍」，獨孤九劍從名字上就知道有 9 個大招式（每個招式裡還有很多小招式），學到這些就幾乎可以獨步天下；但獨孤九劍還是有招式，最終還是會被別人破解，因為只要有招式，就會有相對應的破解方式，所以如果真正要變成武林第一，要把有招變無招，當你出劍的時候，你知道如何去攻擊人家，但是人家不知道如何破解你的脈絡，這樣才會贏。

學習股市投資也是一樣，一開始每個人都是從「有招」開始學，學了之後，透過不斷跟敵人對打練習，內化成自己的功夫之後，變成「無招」，在敵人無法破解你的招式後，你就可以

制霸整個江湖，因為這個投資世界就像以前的武林江湖一樣，沒辦法用一招打遍江湖，不同敵人（不同股市時期），就會來不一樣的招式，只能隨時應變，不敢說無敵於天下，但也能久存在股市。

這本書裡講的東西，就只是提供一個入門的方法，但是，已經有經驗的讀者，不一定要很執著在一個絕對數字，可能只是一個範圍，譬如我提到 8% 乖離率過高可以先停利，7.8% 要不要賣？千萬不要執著在沒有「8%」之前不賣，這只是一個原則，如果預期接下來盤勢會不好，或有其他更好的股票，當然也是可以賣出。

投資股票是一門「藝術」，而不是聯考，沒有一套「標準答案」，這本書中提到的心法招式，看似是我的標準答案，但只是提供讀者進入市場的階梯。進到武林之後，你不會遇到一模一樣的對手，每個對手、每次情境都不相同。

從一招半式進入市場，透過不斷練習之後，你會看到更多細微的不同，更會知道這個市場變化無窮，當局勢改變的時候，慢慢地就會有感覺。祝大家都能成為笑傲江湖的武林高手。

生活與操作愈規律愈好 黑天鵝來臨才能沉著以對

有很多人明明學了很多招式，卻用不出來，我覺得，是因為他們沒有建立一套規矩。想靠投資股票致富的人，生活不能太自由，我的意思是說，不要太「Free style」，想做什麼就做什麼，因為這是個殺戮戰場，天底下從來沒有不勞而獲的事，想要賺錢，尤其是快錢，更不能用馬虎的心態來看待，嚴謹的心，才容易成功。

我覺得操作股票的人，生活跟操作股票都是愈單純、愈規律愈好，每天有固定的SOP（標準作業流程）和行程，照表操課，養成一個固定的操作步驟或模式，當國際發生大動盪或是重大事件時，或是當你心煩意亂的時候，你的固定操作模式可以幫助你比較快速冷靜下來，比較知道現在要做什麼事情，不會慌了手腳。以下是我平常看盤的日程，原則上就是日復一日不斷重複的行程。

上午6點～6點30分》**看美股、新加坡摩台期**

我每天早上起床的時間大約是 6 點或 6 點半,這時候我會先看一下美國 4 大股市收盤情形,包括道瓊工業指數、S&P 500 指數、那斯達克(Nasdaq)指數及費城半導體指數。

道瓊工業指數及 S&P 500 指數是美國最具代表性的指數,其地位就像台灣 50 指數及台灣中型 100 指數,也是國人最喜歡看的指數,由於兩者走勢十分貼近,因此在每日追蹤記錄時,我只記道瓊工業指數。那斯達克指數的成分股多為科技股及生技醫療股,影響著台灣權重最大的科技股及股性非常活潑的生技股。

費城半導體指數影響的是台灣次產業權重最大的半導體股,像從上游的 IC 設計聯發科(2454)、中間的晶圓製造台積電(2330),到下游封裝測試的日月光(2311),這些都是享譽國際、某項產品或整體的全球市占率數一數二的公司。

接著再看看有在美國掛牌的美國存託憑證(ADR),我尤其會去注意台積電、友達(2409)、日月光,因為台積電會影

響台股的大盤走向，友達則是會有一些面板產業的消息，日月光是半導體下游的主要廠商。

接下來，我會看新加坡摩根台股指數期貨電子盤的指數，新加坡摩台期電子盤是在台灣時間下午 2 點半開盤、凌晨 2 點收盤，中間與美國股市交易的時間有重疊。

所以在早上看完美國股市之後，再看新加坡摩台期指數，可以預測當天台灣股市開盤的走勢，但這只適合研判一開盤的情勢，因為新加坡摩台期指數不是延續性的，它不會連續漲、連續跌，所以對於開盤走勢預測來說比較適用。

上午8點～8點45分》看韓股、日股開盤

日本與韓國股市在台灣時間 8 點開盤，日本在下午 2 點收盤，韓國則是在下午 2 點半收盤，所以我在 8 點到 8 點 45 分之間，會開始觀察韓國跟日本的股市走勢。

而我在 8 點半時會特別關注韓國股市的狀況，因為它通常會影響台灣期貨 8 點 45 分開盤時的情況，同時也連帶影響 9

點台股加權指數開盤,通常只要韓股漲,台灣多數時候就漲;韓股跌,台灣多數時候就跌。那日本股市呢?日本股市這幾年已經不像以往那樣重要了,因為首相安倍晉三的三支箭經濟政策的關係,日股自己走自己的路,儘管日股跟其他國家股市的連動不再這麼深,但我還是習慣性在台指期開盤前快速看一下,當日股大漲或大跌時,對台股開盤仍有影響力。

上午8點45分》**看台股期貨開盤**

早上 8 點 45 分,台股期貨開盤。一般來說,台指期會先反映大盤狀況,但台指期其實也很常發生一種情形,就是開盤走低,但現貨開高之後,台指期就整個拉上去,不過這種情勢通常只發生在台指期開盤小幅下跌時,我通常説這叫「開小低候」。如果台指期開盤下跌超過 0.5%,加權指數現貨通常也會以下跌開出;同樣的,若台指期開盤上漲超過 0.5%,加權指數現貨通常會開高,所以台指期跟現貨走勢大多是同步的。

上午9點》**看加權指數、櫃買指數、新加坡摩台指**

9 點是加權指數、櫃買指數同時開盤的時間,我一定會去看

看加權指數開盤的情況；如果我是做櫃買指數或是有買櫃買中
心股票，也會看櫃買指數的情況；另外我還會再去看一下新加
坡摩根台股指數。

　　當摩台指數比較強的時候，以圖 1 來看，藍線是台灣加權
指數，在上面的那條粉紅色的線就是摩台指數，如果開盤摩台
指數的線一直在台指之上的話，那麼台灣加權指數走勢要下跌

圖1 新加坡摩台指可作為觀察台股走勢的參考
──2016.09.23台灣加權指數與新加坡摩台指走勢圖

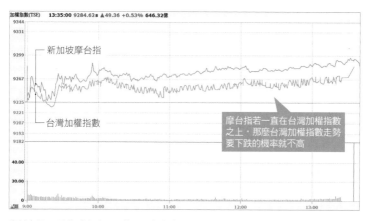

資料來源：XQ全球贏家　　整理：麥克連

的機率就不高，這也是為什麼我在盤中的時候，會抽空去看新
加坡摩台指的走勢。

上午9點30分》**看陸股開盤，並檢查持股狀況**

9點30分中國股市開盤，但在9點25分時跟台灣一樣會
有5分鐘的預先撮合機制（台股是開盤前30分鐘），通常陸
股一開盤，都會影響台灣股市的走法。舉例來說，陸股2016
年9月7日開平盤，大概9點45分開始就往上漲；台灣9
點半時先往上走一波，然後開始往下走，再往上拉，所以陸股
可能會影響到台股9點25分之後某一段時間的走勢。

加權指數開盤後，除了中間穿插陸股開盤之外，我會看一下
自己手裡的股票在今天的表現如何，也會看一下昨日挑選出來
的強勢及弱勢的股票，在今天有沒有特別的表現。譬如說，假
設有檔股票是我在昨日進場，成為我的庫存股，今天到了盤末
若還是上漲，也符合我的加碼條件，我就會加碼；相反的，如
果進場隔天，發現黑K下來跌破第1根紅K的低點，這表示
昨天的上漲是失敗的，這時我就會開始賣掉這檔庫存股。也就
是說，要判斷手上庫存股接下來是加碼或賣出，就要看這一天

的表現如何，是要加碼，還是減碼，或是要獲利了結還是停損。

新挑股票的篩選是，如果昨天我有看到幾檔比較好的，基本面又不錯，到了隔天又往上漲的話，我就有可能會進場；如果新挑到的股票，隔天開盤就往下跌，就比較不適合買進。

觀察手中的庫存股為什麼重要？早上 9 點開盤之後，不能一直木然的看著盤走，還要去處理手上的庫存股，才能避免虧損，此外也要觀察昨天看到想買進的新股票。

另外，我會抽空去找當天走勢較強的產業類股，裡面可能藏有飆股。有時間我就閱讀營業員提供的法人報告。所以從開盤到收盤之間，是有很多事情可以做的，要觀察庫存股的表現，決定加碼或獲利了結；要看新進名單的股票表現，有沒有可以買進或放空的；還要去看產業的表現，以及個股的基本面，我就是一直重複在做這些動作。

下午1點～1點30分》**決定庫存股加碼或出場**

我在盤中會觀察庫存股與新候選股票，不過我常常都是在快

要收盤的時候（下午 12 點半或 1 點以後），才會決定要加碼或是出場。接近收盤時，就可以判斷當日的上漲是成功還是失敗的，如果是失敗的，心裡就要有感覺接下來會是往下走的趨勢，這時候就可能會出場。

下午3點後》**開始蒐集盤後資訊**

下午 3 點之後，許多盤後資訊會陸續出爐，包含現貨、期貨、選擇權、3 大法人買賣超等等資訊，4 點則是個股買賣超的訊息，所以我大概會在下午 3 點開始蒐集這些資料，填入我的大盤紀錄表與 2 大法人上市及上櫃買賣超排行榜中。

睡前》**判斷多空、決定明日進場標的**

等到晚上睡覺以前，要把下午記錄好的表格拿出來，判斷目前大盤的多空，同時把可以進場做多或做空的股票，記錄到 Excel 表上面，提醒自己隔天去關注它。

舉例來説，2016 年 9 月 7 日，我觀察到百和（9938）是投信及外資同時買進的上市股票，看技術線型也是經過一段

時間整理後的第 1 根上漲紅 K（詳見圖 2），是檔比較有機會切入的股票，我就會把它標記下來。當然，這是我記錄的方法，也許你可以利用把這些股票列入自選股等方式，提醒自己，我覺得什麼方法都好，只要適合自己都好。

另外，現在我有請一個軟體廠商用軟體輔助的方式，把我的選股方式輸入，就可以在每天收盤後跑出隔天可以進場做多或

圖2 2016年9月7日法人同步買超百和推升股價
——百和（9938）股價、3大法人買賣超日線圖

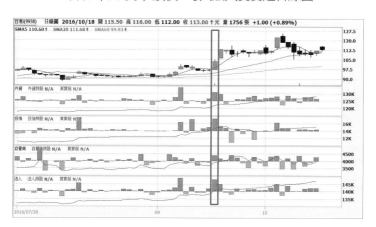

資料來源：XQ全球贏家　　整理：麥克連

做空的股票，如果隔天該股票開盤往上拉、符合我的標準，我就會買進或加碼；若是做空的股票下跌，我也會再來放空，讓我做多或做空均有標準依循。

　　以做空來說，2016 年 8 月 15 日看到統一（1216）被外資及投信賣超（詳見圖 3），其中更是投信在上市賣超的第 2 名，這時看到它的價位及線型均是符合放空的標準，所以隔天

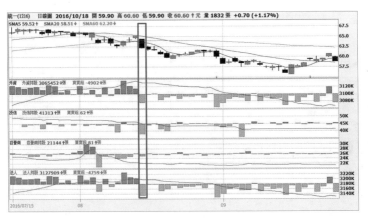

圖3 2016年8月15日3大法人同步賣超統一
──統一（1216）股價、3大法人買賣超日線圖

資料來源：XQ全球贏家　　整理：麥克連

一開低，就可以切入放空了。

養成閱讀習慣，報章、書籍中皆有實用知識

以上就是我一天的行程，另外，在有空檔的時候，我每天必定會看各種管道的新聞，例如從網路看鉅亨網，而每日的《工商時報》及《經濟日報》也是必看的報紙，公司如果有訂報紙，上班族也可以來看看。

或許你會說，一般上班族哪有這個時間？其實我也是上班族，雖然無法時時盯盤，總是會被各式會議打斷，但我會在關鍵時刻看一下盤的變化，或是早起一點，把該做的事先做好。如果我的日程 SOP 對你來說太難，也可以從裡面挑一些可以做的，或是有空可以做到的，譬如說美國的狀況，可以在回家以後或是上班期間上網看一下。

但是至少要做到一件事，就是在睡覺前要把心中的股票挑出來，如果上班時間只能使用手機，那就先設進手機看盤 App 的自選股中，有好的進場點，就用手機操作。既然要進入股市操作，一定要找到自己的方法去買賣股票，不管是手機、網路、

甚至是電話等等都可以。

　　除了各種股市資訊之外，其實，我很喜歡看經濟類跟歷史類的書，尤其是歷史，因為股票是人在操作，常看歷史就會知道人類的事情都是一再重複，盛極而衰，衰極轉盛。股市也是一樣，股價到了高點的時候，就會下來；到了低點的時候，就會上去，每次都有一個很固定的標準在循環，像我看一些歷史書籍，就會知道以前發生過什麼事情，現在可以跟著去觀察，看愈多，體會愈多，整個脈動就會抓得比較清楚。

　　就好比說，明天是大太陽還是下雨，我不是氣象專家，沒辦法說得很正確，但是我可以告訴你每年的農曆 1、2、3 月是春天，4、5、6 月是夏天，可以跟你說什麼時候是秋天，什麼時候是冬天，意思是說，當這種東西看多了以後，就可以知道什麼時間點會出現什麼樣的事情。

　　而閱讀經濟類的書，就可以增加一些對國際經濟趨勢的了解，當各國做什麼事情，對應到各國股市產生的變化，也都可以從書中發現。譬如說，美國每月第 1 個週五所公布的非農就業人口數據及失業率的數字就很重要，我就可以由經濟類書

籍或報章雜誌去了解它的重要性,知道來龍去脈,這對操作是很有幫助的。

表1 養成每日固定操作模式,才不會手足無措
──麥克連操作股市1日行程表

時間	重點行程	說明
上午6點~6點30分	看美股表現、台灣在美國的ADR收盤、新加坡摩台期電子盤指數	從美股收盤、新加坡摩台期預測今日台股開盤走勢
上午8點~8點45分	看韓國與日本股市開盤變化	特別是韓國股市開盤的高低,會影響台股開盤走勢
上午8點45分	期貨開盤	期貨若開盤大跌,加權指數開低的機率大
上午9點	加權指數、櫃買指數、新加坡摩台指數	新加坡摩台指比台股現貨走勢相較,若較強,則台股不易走弱
上午9點30分	看陸股開盤	剛開盤時也會影響台股
下午1點~1點30分	決定庫存股加碼或減碼	若符合加碼條件可加碼;若上漲失敗就要停損
下午3點後	查詢各類盤後資料	記錄大盤指數、2大法人買賣超排行榜
睡前	整理隔日可進場(做多、做空)的個股,並判斷大盤目前多空	心中先有定見,隔天面對盤勢才能因應

整理:麥克連

1-5 1年筆耕分享看法 與網友一同見證3大關鍵時刻

在第 1 本書於 2015 年 6 月出版之後,我應出版社的邀請在北、中、南三地開辦一些講座,這期間有許多朋友希望我能在社群媒體的平台上多講述我對盤勢的看法,也剛好那時候是台股開始從萬點下跌的時期,雖然不至於如 2008 年金融海嘯這樣的恐怖,但也讓不少人的資產損傷。

於是在 2015 年 8 月 24 日,也是台股從萬點崩盤的止跌點那天,我在「麥克連——小散戶這樣追籌碼賺 1 億」臉書粉絲專頁上(www.facebook.com/positioncalculation/posts),開始每 2 個交易日固定寫 1 篇我對盤勢的看法。

這段期間,台股經歷了中國人民幣的貶值循環、美國暌違 10 年後的第 1 次升息、台灣再次的政權移轉、蔡英文總統的初次就職演說,全球股市及台股有很大的變化,我也在這段期

間使用我獨創的籌碼面判斷,以及融合技術分析、基本面與國際情勢,分享我的看法。

當然這段期間我的看法很多,就以 3 件較大的事件:台股自萬點下跌的止跌點、美國聯準會(Fed)10 年來第 1 次升息的影響浮現,以及每次都有的台股魔咒──「520:新總統初次就職演說日」,來作為例子;再加上 1 個小事件:2015 年 9 月 9 日台股脫離低點確立,希望各位可從這些案例,了解我對這些事件的看法與角度,以及對後續台股的發展是如何判斷。

另外,也借用這個機會,我要感謝各位粉絲在這段期間的支持與鼓勵,彼此之間的互相交流,給了我許多好的意見及想法,也讓我更有動力持續筆耕下去。當然,行情千變萬化,以後的黑天鵝只會更多,不會更少,非經濟面的因素會一直干擾股市,使得預判未來市場發展這件事變得更形困難,但我還是會盡我所能,將看法放在平台上面,希望能對各位有所幫助。

3 個大關鍵時刻,第 1 次是 2015 年 8 月 24 日台股一度大跌逾7%的黑暗日,我在臉書上提醒不要殺在低點,事實上,

台股截至我寫稿的今天（2016 年 9 月 22 日）都沒有跌破這個點位；第 2 次是 2016 年台股開盤，我提醒將有一波下跌段，果然跌到 1 月底才止跌；第 3 次是 2016 年 5 月 20 日的新總統就職典禮，我發現籌碼跟往年不同，我預期不會下跌，520 的魔咒不再，後來果然反而上漲了 4 個月。

另一個小事件，則是股市在經歷 2015 年 8 月 24 日那場全球小股災，止跌之後的上漲均被視為反彈，許多人認為隨時會再跌回去；但在 9 月 9 日那天，我依據籌碼面及技術面，判斷指數不會再下跌，並且至少會漲到 9 月美國聯準會開會那天。

以下節錄這 3 個關鍵時刻與小股災後，我發布在臉書粉絲頁上的文章：

關鍵時刻1》**2015年8月24日台股黑暗日**

2015 年，是自 2008 年金融海嘯以來台股的第 1 次萬點行情，而在那一年的 8 月 24 日，也是台股自 2013 年開始大多頭後的第 1 次連續 4 個月的月線黑 K 棒，最深回檔到

7,203.07 點。那天晚上道瓊工業指數下跌 588.4 點，跌幅 3.57%，並且已經是連續 5 天的下跌了，而盤後觀察外資期貨的未平倉多單居然增加到 2 萬 3,000 多口，也開啟了外資恆常 2 萬多口多單留倉的日子。那時，我在臉書粉絲頁寫下這時不要殺在低點，台股將會進行反彈上漲，還記得朋友說，「這樣台股哪有可能反彈？」事實證明，台股到現在（2016年 9 月 22 日）也沒有跌破過這個點位。

我在 2015 年 8 月 24 日，於臉書粉絲頁發表的文章如下：

今天（2015 年 8 月 24 日）可算是台股慘烈的一天，加權指數最低到 7,203.07 點，跌幅 7.49%，收盤拉了 200 點上來到 7,410.34 點，也下跌了 4.84%；櫃買指數更慘，下跌了 7.36 點，指數跌破 100 點的整數關卡，跌幅 6.86%，種種數字感覺應該是打破了台股的紀錄，連國安基金都宣布伺機進場，那麼，這個盤是會繼續跌下去，還是已經止穩了？我們來看看籌碼的表現。

美國道瓊工業指數跌了 530.94 點，下跌 3.12%，但外資只賣了台股現貨近 65 億 9,600 萬元：

104年08月24日　三大法人買賣金額統計表			(元)
單位名稱	買進金額	賣出金額	買賣差額
自營商(自行買賣)	1,953,892,660	2,038,036,467	-84,143,807
自營商(避險)	8,586,855,928	10,261,665,959	-1,674,810,031
投信	1,156,894,300	1,727,576,686	-570,682,386
外資及陸資	39,217,296,673	45,813,185,050	-6,595,888,377
合計	50,914,939,561	59,840,464,162	-8,925,524,601

2015 年 8 月 24 日 3 大法人買賣超金額統計表（資料來源：證交所）

期貨方面，外資的表現更是驚人，從上週五（8 月 21 日）就開始布多單：

2015 年 8 月 21 日 3 大法人期貨未平倉餘額（資料來源：期交所）

直到今日，多單更是增加：

期貨契約

單位：口數；千元(含鉅額交易，含標的證券為國外成分證券ETFs或境外指數ETFs之交易量)　　日期2015/8/24

序號	商品名稱	身份別	交易口數與契約金額						未平倉餘額					
			多方		空方		多空淨額		多方		空方		多空淨額	
			口數	契約金額	口數	契約金額	口數	契約金額	口數	契約金額	口數	契約金額	口數	契約金額
1	臺股期貨	自營商	81,591	119,587,765	86,947	127,559,688	-5,356	-7,971,923	5,759	8,445,122	20,322	29,823,064	-14,563	-21,377,942
		投信	972	1,431,196	1,284	1,892,080	-312	-460,884	3,941	5,788,894	4,884	7,174,596	-943	-1,385,702
		外資	110,682	162,705,050	94,048	138,358,014	16,634	24,347,037	44,238	64,952,296	19,625	28,815,403	24,613	36,136,893
2	電子期貨	自營商	1,825	1,830,480	1,502	1,692,237	123	138,244	375	420,019	248	277,697	127	142,322
		投信	119	135,986	0	0	119	135,986	105	117,642	0	0	105	117,642
		外資	5,769	6,466,189	5,453	6,126,655	316	339,534	2,693	3,017,189	3,022	3,385,849	-329	-368,660

2015 年 8 月 24 日 3 大法人期貨未平倉餘額（資料來源：期交所）

我們來看看選擇權吧：

選擇權買賣權分計

單位：口數；千元(含鉅額交易)　　日期2015/8/24

序號	商品名稱	權別	身份別	交易口數與契約金額						未平倉餘額					
				買方		賣方		買賣差額		買方		賣方		買賣差額	
				口數	契約金額	口數	契約金額	口數	契約金額	口數	契約金額	口數	契約金額	口數	契約金額
1	臺指選擇權	買權	自營商	391,322	1,442,105	401,082	1,303,509	-9,760	138,596	160,241	470,664	239,873	225,988	-79,632	244,676
			投信	46	447	95	434	-49	13	146	605	593	592	-447	13
			外資	88,373	291,956	87,993	357,531	380	-65,575	165,082	131,813	108,761	167,767	56,321	-35,954
		賣權	自營商	377,161	3,775,321	406,253	4,817,333	-29,092	-1,042,012	92,241	2,269,718	147,084	4,501,425	-54,843	-2,231,707
			投信	0	0	78	1,251	-78	-1,251	102	3,205	248	9,573	-146	-6,368
			外資	112,135	1,076,587	112,354	1,347,728	-219	-271,141	132,287	5,490,115	58,888	2,791,817	73,399	2,698,298

2015 年 8 月 24 日 3 大法人選擇權未平倉餘額（資料來源：期交所）

　　我印象中，沒看過外資在買權是做賣方的，這是第 1 次啊！且賣權的金額較上週五增加了快 5 成：

				交易口數與契約金額						未平倉餘額					
				買方		賣方		買賣差額		買方		賣方		買賣差額	
序號	商品名稱	權別	身份別	口數	契約金額	口數	契約金額	口數	契約金額	口數	契約金額	口數	契約金額	口數	契約金額
1	臺指選擇權	買權	自營商	240,888	474,348	262,977	441,528	-22,089	32,820	108,299	189,389	178,047	112,166	-69,748	77,223
			投信	10	38	178	24	-168	14	100	236	498	138	-398	98
			外資	40,582	120,708	41,082	134,545	-500	-13,837	161,447	93,379	105,448	81,449	55,999	11,930
		賣權	自營商	223,523	833,521	237,032	1,004,916	-13,509	-171,396	95,914	1,155,853	121,757	2,004,215	-25,843	-848,362
			投信	22	121	6	13	16	108	102	1,328	170	5,717	-68	-4,389
			外資	67,049	295,483	51,097	280,582	15,952	14,901	126,049	3,203,910	52,474	1,572,493	73,575	1,631,417

選擇權買賣權分計　單位：口數；千元(含鉅額交易)　日期2015/08/21

2015 年 8 月 21 日 3 大法人選擇權未平倉餘額（資料來源：期交所）

前 5 大、前 10 大的期貨交易人也是偏多：

契約名稱	到期月份(週別)	買方				賣方				全市場未沖銷部位數
		前五大交易人合計(特定法人合計)		前十大交易人合計(特定法人合計)		前五大交易人合計(特定法人合計)		前十大交易人合計(特定法人合計)		
		部位數	百分比	部位數	百分比	部位數	百分比	部位數	百分比	
臺股期貨(TX+MTX/4)	201508 W4	48 (13)	87.3% (23.6%)	51 (13)	92.7% (23.6%)	32 (2)	58.2% (3.6%)	37 (2)	67.3% (3.6%)	55
	2015 09	23,666 (23,666)	34.9% (34.9%)	35,487 (33,767)	52.3% (49.7%)	16,656 (7,578)	24.5% (11.2%)	26,072 (9,571)	38.4% (14.1%)	67,886
	所有契約	24,501 (24,501)	31.9% (31.9%)	37,780 (35,084)	49.2% (45.7%)	17,602 (7,578)	22.9% (9.9%)	27,930 (11,590)	36.4% (15.1%)	76,826

2015/8/24 (交易資訊含所有商品及鉅額交易)

2015 年 8 月 24 日大額交易人期貨未沖銷資訊（資料來源：期交所）

這樣看來，兩好一壞，加上現貨部位的中立，明天的台股應該會有反彈，即使晚上美國不好，相信也是開低走高的局面，所以，即使你要殺盤，也留意不要殺在最低點哦！

台灣加權指數日線圖（資料來源：XQ 全球贏家）

關鍵時刻2》**2016年1月的下跌波段**

2016 年 1 月 4 日台股開盤，在消化了 2015 年 12 月美國聯準會自 2006 年來睽違 10 年的第 1 次升息，也結束了長達 7 年幾乎零利率的政策，並結束了歐美耶誕假期之後，正式反映消息的第 1 天，也開始了台股 1 月的下跌行情，我那時依照大盤的技術面及籌碼面，研判這是一個波段下跌的開

始,果不其然,台股的 1 月就過得很悲情,直到快過年時,才又展開一次較長波段的上漲。以下是我當時(2016 年 1 月 4 日)在臉書粉絲頁上發表對盤勢的看法:

2016 年股市第 1 天的震撼

2015 年結束了,很多報章雜誌也報導了許多 2015 年股市的風風雨雨,加權指數從最高的萬點到 7,203 點,再回到 8,338.06 點收關,波動幅度相當大,這個年對許多人來講可能不是很好過,但是,過去的就過去了,如何掌握未來的變化才是我們要思考的。

可惜的是,2016 年開盤的第 1 天,台股的開紅盤變成黑色星期一,大波動延續,因為中東局勢的不穩,以及中國經濟指標不好、人民幣重貶,加上初次熔斷機制的實施,引發股市多殺多而大跌,也導致亞洲股市全面重挫,歐洲的德國股市一開盤也跌了約 3%,美國 3 大指數的期貨電子盤也持續下挫中。

就技術面來看,今天(2016 年 1 月 4 日)的這一根很類似去年(2015 年)11 月初及 12 月初台股的走勢,突破不了上檔的均線,短中期均線開始往下,日 KD 也開始交叉向下,

MACD 紅棒縮減，若未來 2 日內沒站上今天的起跌點，恐怕會有一小段的跌幅，至於跌到哪裡，依前波跌幅計算，止跌點應在 7,860 點之上，而觀察籌碼，外資期貨多單並未大減，外資現貨則是隨著前一日美股下跌而賣超，尚屬正常的調節。

這一次櫃買中心（OTC）的表現，雖然季線仍是往上，但今日收盤已在季線之下，從去年 12 月中下旬開始，OTC 的表現已較加權指數為弱，資金是否轉向，值得觀察。

籌碼面上，今天的外資在現貨賣超 223 億 8,000 萬元，期貨多單小減，但在結算比上也轉為負數，一改之前正數的局面。選擇權上，多單金額大減一半，空單金額則大增 8 倍之多，P/C Ratio 也掉到 100 之下，外資全面的布空，為之後的盤勢帶來不利的影響。

整體的大盤指數已偏向空頭走勢，短期內油元國為了彌補因油價下跌的預算短缺而一直大賣全球的股債及原物料，就連美國股市也難以倖免，所以油價的表現主導著全球股市的短期漲跌；中、長期來說，台灣的出口表現仍然未見起色，對股市基本面會是個很大的傷害。

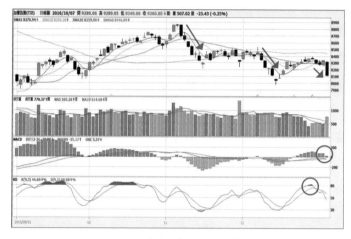

台灣加權指數日線圖（資料來源：XQ 全球贏家）

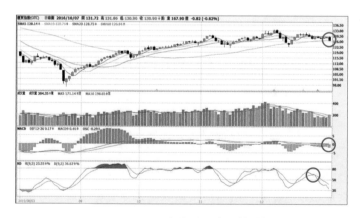

櫃買指數日線圖（資料來源：XQ 全球贏家）

關鍵時刻3》**2016年新總統就職演說520行情**

　　總統的初次就職演說一直是台股的魔咒，從前 2 任的陳水扁總統到馬英九總統，每到開始演說時，股市就一直往下跌，所以總統的初次就職演說，一直以來被稱為「520 行情」，但卻是個下跌的行情。而 2016 年這次蔡英文總統的初次就職演說，被很多投資人認為歷史會再重演一次。

　　在 5 月 20 日前，台股已經歷了下跌及盤整 16 個交易日，5 月 20 日盤後，我一樣觀察了技術面及籌碼面，發現行情開始有不一樣的變化。果然，在隔一個交易日 5 月 23 日，指數大漲了 213.18 點，漲幅 2.62%，也開啟了直到 9 月，長達 4 個月的多頭上漲行情。我在 2016 年 5 月 20 日於臉書發表的文章如下：

不確定性結束，一切回歸股市的自然律動

　　5 月 20 日加權指數上漲 35.28 點，漲幅 0.44%，收在 8,131.26 點，成交量 582 億 6,300 萬元，這個成交量明顯受到了 520 的影響，大家都在觀望而沒有出手，連外資也僅各買賣了 200 億左右，也創下了本次下跌波段的最低量。

　　雖然 520 的量能縮小，但技術面及籌碼面上卻出現了轉折。指數在 8,100 點上盤整，但已經站上 5 日、10 日均線，其中 5 日均線已開始往上揚，技術指標也都呈現往看多的方向；而籌碼面上，外資的期貨多單由中性偏空轉成中性偏多，其他如選擇權、前 5 大、前 10 大交易人以及散戶指標均呈現偏多走向，看來在不確定性過去後，法人已先在衍生性商品上走出一個方向出來。

　　大盤指數已然出現一個向上的契機，量能若能補上，就可走得長久一些，若成交量在 750 億之下，則上漲仍視為反彈，目前上漲的反壓在月線（8,250 點）～ 8,300 點之間，各位朋友可多加留意。

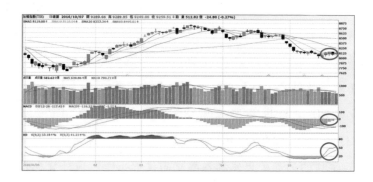

台灣加權指數日線圖（資料來源：XQ 全球贏家）

另一個小事件》2015年美國升息前的小多頭行情

自 2015 年 8 月 24 日台股止跌，行情反彈了 5 日之後就呈現停滯狀態，這時許多人認為行情又會開始反轉向下繼續探底，畢竟那時候整個氣氛還很糟，彌漫著美國聯準會將進行 10 年來的第 1 次升息；但到了 9 月 9 日這一天，根據技術面及籌碼面的研判，我判斷指數不會再探底了，將延續上漲至少到聯準會開會時。我在 2015 年 9 月 9 日於臉書粉絲頁發表的文章如下：

今天（2015 年 9 月 9 日）可說是精彩的一天，指數開高走高，外資的期貨多單也終於找到了發揮的時機，而與過去不同的是，外資現貨大買，期貨多單並未減少，反而加多，選擇權部位也是多單增加，種種跡象顯示，這個行情會繼續下去，短期來看，延續到 9 月 16 日不會是問題。

接下來要關注 9 月 18 日聯準會開會的結果如何，會不會升息，是否影響了全球的股市與資金移動。

今天是 9 月 9 日，祝各位朋友精彩 99，開心 99。

104年09月09日　三大法人買賣金額統計表			(元)
單位名稱	買進金額	賣出金額	買賣差額
自營商(自行買賣)	1,420,235,200	1,147,165,364	273,069,836
自營商(避險)	9,963,788,165	6,050,138,966	3,913,649,199
投信	1,492,279,700	648,145,649	844,134,051
外資及陸資	41,298,515,593	19,815,998,493	21,482,517,100
合計	54,174,818,658	27,661,448,472	26,513,370,186

2015 年 9 月 9 日 3 大法人買賣金額統計表（資料來源：證交所）

期貨契約

單位：口數；千元(含鉅額交易，合標的證券為國外成分證券ETFs或境外指數ETFs之交易量)　　日期2015/9/9

序號	商品名稱	身份別	交易口數與契約金額						未平倉餘額					
			多方		空方		多空淨額		多方		空方		多空淨額	
			口數	契約金額	口數	契約金額	口數	契約金額	口數	契約金額	口數	契約金額	口數	契約金額
1	臺股期貨	自營商	35,639	58,594,250	33,509	55,104,862	2,130	3,489,389	11,663	19,411,161	20,110	33,469,392	-8,447	-14,058,231
		投信	1,554	2,557,299	1,286	2,120,002	268	437,297	4,020	6,695,541	5,449	9,082,352	-1,429	-2,386,811
		外資	59,819	98,280,868	59,447	97,795,997	372	484,871	43,769	72,878,186	18,854	31,397,256	24,915	41,480,930
2	電子期貨	自營商	869	1,103,573	596	757,802	273	345,771	1,241	1,599,699	139	178,926	1,102	1,420,773
		投信	30	37,798	30	37,937	0	-138	63	81,148	14	18,049	49	63,099
		外資	2,601	3,297,685	2,984	3,785,679	-383	-487,994	1,780	2,294,680	3,235	4,170,562	-1,455	-1,875,882
3	金融期貨	自營商	551	577,395	460	482,805	91	94,590	517	546,392	419	442,891	98	103,501
		投信	0	0	0	0	0	0	52	54,974	81	85,633	-29	-30,659
		外資	1,775	1,860,073	1,707	1,789,566	68	70,508	1,446	1,528,633	683	721,964	763	806,669
4	小型臺指期貨	自營商	13,201	5,412,283	14,578	5,991,757	-1,377	-579,475	11,333	4,717,751	10,454	4,350,988	879	366,763
		投信	312	127,987	68	27,891	244	100,096	201	83,757	0	0	201	83,757
		外資	39,325	16,132,406	38,161	15,665,842	1,164	466,563	2,473	1,026,245	1,475	614,250	998	411,995

2015 年 9 月 9 日 3 大法人期貨未平倉餘額（資料來源：期交所）

Chapter 2

趨勢篇》
看8指標掌握先機

2-1 每日記錄籌碼面數據 精準判斷大盤多空

有看過我第 1 本書的讀者都知道,我會用 2 個 Excel 檔天天記錄台股大盤資訊與個股買賣超排行,為什麼要先判斷大盤走勢?一定要記錄這麼多數字才能判斷大盤嗎?不能用看的就好嗎?記錄這麼多,對我操作有什麼用嗎?

先回答第 1 個問題,為什麼要先判斷大盤?「投資只需選股不選市,因為個股與大盤走勢又不一定相同。」常常可以聽到以上的言論,這句話有一半的時間是對的,今天大盤跌,並不是所有個股都跌,還是有股票抗跌的,這種情況最常出現在大盤盤整的時候,若只看 1、2 天的變化,大盤與個股的走勢的確未必相同。

但是「覆巢之下無完卵」,意思是翻倒的鳥窩裡不會有完好的蛋,一旦大盤進入波段趨勢走勢,對個股的影響就非常大,

舉例來說，由萬點下殺到 8,000 點或 4,000 點的時候，我敢說，有 9 成的股票是下跌的，只是跌多與跌少的差別罷了。

因此，先確認大盤的大趨勢，可以趨吉避凶、增加勝率。資深的台股投資人，若有經歷過 1990 年台股大崩盤，就一定有深刻的體會，加權指數由歷史最高點 1 萬 2,682 點，在 8 個月內跌到最低 2,485 點，再怎麼厲害的個股，也不可能在這段期間逆勢大漲。

我特別重視波段操作，而大盤的波段走勢肯定會影響個股，所以，我操作的邏輯是一定得先知道大盤現在的走勢如何，先判斷大盤的走勢，再進入選股，如此才能趨吉避凶，讓我的投資勝率更高。

接下來我來回答，我到底記錄哪些指標來判斷大盤多空？其實，判斷大盤跟個股一樣，可以從 3 個面向來判斷：基本面、技術面、籌碼面，而這 3 個面向都可以透過長期追蹤、記錄數據，來判斷大盤的走勢。

只是，我記錄的主要是籌碼面的各種數據。基本面與技術面

不是不重要，只是基本面較為落後，與大盤的連結度沒有這麼高，基本面的數據雖然我沒有一一記錄，但是透過每天看報紙或券商報告，我仍然會記錄進腦袋中，協助我進一步確認趨勢大方向；至於技術面不需記錄，只需看圖形即可，因此，當我記錄下這些籌碼面數據之後，我會再從技術線型進一步找出進出點。

基本面》落後股價走勢3到6個月

基本面你可以記錄外銷訂單的變化、GDP（國內生產毛額）數據、整個上市櫃公司的營收獲利、大盤的本益比。海外總體經濟基本面的數據又更多了，影響我們最多的是美國與中國的經濟數據。

美國總體經濟的數據包括：非農就業的數據、採購經理人指數、聯準會利率決策的報告；中國則有每一季的 GDP、進出口的海關數字、採購經理人指數。中國與美國這兩個國家相比的話，還是美國較為重要。

雖然現在台灣與中國的兩岸貿易往來頻繁，經濟與股市的連

動性也大，中國在全球更具有舉足輕重的地位，其經濟數據當然很重要，只是，中國相關數據被「調整」的空間大，所以很難從公布的數據研判，因此我個人還是偏好觀察美國所公布的經濟數據。

美國是一個成熟的經濟體，公布的數據也比較有公信力，但中國與台灣都一樣，大部分的數據都是政府公布，有時候會事後調整，讓人不大敢根據這些數據變化操作股票。

數據是否有公信力是一回事，就算是很公正的數據，基本面的數據仍然是經常有落後的情形，基本面數據都至少落後股價3到6個月，當股價已經轉好，基本面轉好的數據還沒公布。台灣落後的情況更是嚴重，舉例來説，2016年台股大盤由5月中的低點8,000點，到7月中漲到9,000點，大漲1,000點，但此時看到的基本面數據，台灣外銷訂單還是連續15個月衰退，還沒看到好轉的數據。

技術面》**看圖判讀，3類指標最值得關注**

技術面也有數據，但技術面的數據多半是畫成圖形來判讀，

比如說現在股價的位階是高還是低、各天期平均線的位置、型態的表現是在區間盤整、波段上漲或下跌的型態，這些也都有數據。

只是技術面的數據，看圖形比看數據來得更易懂，從看盤軟體上都可以看到歷史資料，所以我就沒有再特別記錄。

以下我來先簡單談談我是使用哪些技術指標，以及我會如何運用的基本原則。我常用的技術面指標有 3 類：第 1，最常用均線，搭配量能觀察；第 2，由多根 K 線所組合出來的型態；第 3，MACD、KD 與 RSI 技術指標。

見 P78.

1.均線與量能

我最常看的均線是 5 日、10 日、20 日、60 日（季線）與 240 日（年線），在短期操作股票的時候會以 5 日、10 日與 20 日這 3 條均線為主，判斷中期走勢時看季線，長期走勢則看年線。

當我看到 5 日、10 日與 20 日均線糾結在一起時，無論出現交叉向上或是交叉向下，未來會有一個短期往上或往下的力

道，若加進 60 日均線的走勢，看它是向上或向下，就可判斷出中期的方向。舉例來說，若 5 日、10 日與 20 日均線糾結，當股價向上跳的時候，又同時漲破 60 日均線之上，則預期會有一個較長波段的中期走勢；若仍在 60 日均線之下，即便均線糾結打開向上，都視為反彈，反彈的上壓就是 60 日均線，也就是到那邊就會有壓力出現。

至於年線，我用來判斷當年指數強弱，不需要與其他 4 條線糾結，也不會是我進出的依據。

看均線的時候，也要搭配量能觀察，當指數上漲，量沒有增加，就比較不強；如果指數上漲，量又足夠，那整體會往上漲，所以股價上漲與量有關，價量是需要互相配合的。

2.型態

多根 K 線可以組合成型態，幫助我們判斷接下來股價的漲跌區間。透過型態能掌握大趨勢走向，因此我也常與籌碼搭配判讀。我把型態分為 4 種：

1. **趨勢線型態**：趨勢線分為上升與下降趨勢，同時又有趨

勢壓力線與趨勢支撐線，聽起來很複雜，其實很簡單。

在每一根 K 棒形成的技術線圖中，找出 2 點即能成線，愈多點連結起來的趨勢線，力道愈大。線畫起來是向上的，即是上升趨勢，當線畫在 2 根以上 K 棒的上方，也就是畫在股價的高點，即是未來股價上漲的壓力（詳見圖 1）；相反地，當線畫在 2 根以上 K 棒的下方，也就是畫在股價的低點，即是

圖1 2個以上的股價高點相連，形成壓力線
——台積電（2330）股價、成交量日線圖

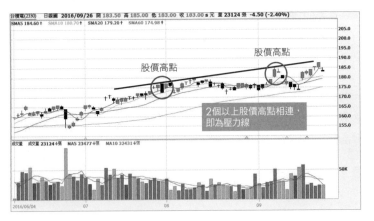

資料來源：XQ全球贏家　　整理：麥克連

未來股價上漲的支撐。

2. **三角形整理型態**：三角形其實就是由一條下降壓力線與上升趨勢支撐線所連成的三角形（詳見圖2），這種型態通常代表短期趨勢不明，容易陷入操作困難的窘境。如果遇到這種情況，最好耐心等候，等待三角形收斂後、股價帶量突破的趨勢出現。

圖2 壓力線與支撐線相交，形成三角形整理型態
——上證指數、成交量週線圖

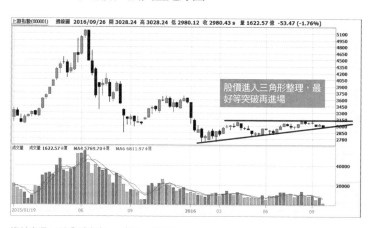

股價進入三角形整理，最好等突破再進場

資料來源：XQ全球贏家　整理：麥克連

圖3 **2個高點和1個回檔的低點，組成M頭型態**
——正新（2105）股價、成交量週線圖

資料來源：XQ全球贏家　　整理：麥克連

圖4 **2個低點和1個反彈的高點，組成W底型態**
——雙鴻（3324）股價、成交量週線圖

資料來源：XQ全球贏家　　整理：麥克連

3.**M 頭與 W 底型態**：M 頭又叫「雙重頂」，是由 2 個高點和 1 個回檔的低點所組成（詳見圖 3），通常是股價的高檔，即稱為頭部型態；相反地，W 底又稱為「雙重底」，是由 2 個低點和 1 個反彈的高點組成（詳見圖 4），通常是股價的低檔。

4.**區間型態**：其實也跟三角形型態一樣，是由上下趨勢線

圖5 **2條不相交的趨勢線間，即為區間型態**
——台灣加權指數、成交量週線圖

資料來源：XQ全球贏家　　整理：麥克連

所形成的區間，只是不像三角形型態的兩條線會愈來愈接近，而是呈現較開放的型態。當股價帶量突破上下趨勢線，才是走出區間整理的型態，帶量突破時是最好的進場點。

3.透過函數計算的技術指標

除了均線、型態之外，我一般會再加上 KD（隨機指標）與 MACD（指數平滑異同移動平均線），若是期權當沖，我會再加入 RSI（相對強弱勢指標）。這 3 個常用技術指標，我使用起來，分別有不同的意義，如下：

① KD：快速的指標。

② MACD：中期的指標。

③ RSI 指標：KD 鈍化時參考，以預判接下來的走勢。

RSI 指標在 50 以上是屬於強勢的，50 以下就是弱勢，RSI 通常會比 KD 再領先個 1、2 步，當 KD 開始鈍化（80 以上），RSI 指標如果往上走，表示 KD 的鈍化會持續下去，股價就會繼續往上驅動，但也因為 RSI 比較敏感，如果根據 RSI 來操作，會太過頻繁進出，技術面的術語叫做「雜訊過多」，所以，我一般是使用 KD 作為進出的依據，RSI 只是用來輔助參考接下

來的走勢。

籌碼面》可即時反映，應列為首要觀察重點

籌碼面也有數據，對我來說，我最重視、每天都會記錄的就是籌碼面數據，因為它往往不只即時反映股價的表現，甚至可以領先股價，讓我預知未來漲跌趨勢，例如外資期貨未平倉口數的變化，就是大盤指數的領先指標，我每天就是把這些籌碼面的指標記錄下來。——> 就能看出「未來趨勢」

台灣市場很單純，就只有現貨、期貨、選擇權；如果把期貨與選擇權歸類為衍生性金融商品的話，就只有現貨跟衍生性金融商品這兩種，這兩種的籌碼面數據，證交所、櫃買中心、期交所每天都會公布。我自己最重視的就是本篇將介紹的 8 項籌碼面指標（詳見 2-2 ～ 2-9）。其實，記錄什麼指標並非一成不變，我有些早期有記錄的數據，現在已沒有記錄，有些以前沒有記的，現在開始記，每個不同時期會有演變，會增減。

我對籌碼面、技術面與基本面的重視程度，分別是籌碼 50%、技術面 30%、基本面 20%。

　　總結來説，解讀大盤的 3 個面向，①基本面：我沒有記錄是因為比較落後；②技術面：沒有記錄是因為看圖會更為清楚；③籌碼面：最即時、重要、領先，因此，我每天都會記錄至少 8 個重要的籌碼指標，這 8 個指標到底是哪些？怎麼判讀？去哪裡找資料？以下的章節會逐一説明。

★沒時間就看
P141.「總整理」－8大籌碼指標

2-2 指標1》外資買賣超 同步指標 直接影響大盤漲跌力道

外資在現貨市場買賣超一直是決定加權指數漲跌的關鍵,這幾年來愈來愈明顯,主要是因為台股交易人的結構已稍稍在改變。

2016年5月,集中市場的交易量有了2個很有意思的數字:散戶(本國自然人)交易比率跌破5成,創下歷史新低;而外資(外國法人)交易比率則上升到35.3%,寫下歷史新高紀錄。一個創新低,一個卻創新高,散戶式微了,法人時代來臨了,特別是外資主導的力量更顯強大。

台股散戶成交占比跌破5成,且首度低於法人

台股在1994年之前,散戶成交占比一直在9成以上,而外資比重僅僅不到1%,1995年1.38%,1999年也只成

長至 2.42%，此後隨著 QFII（合格境外機構投資者）的外資配額鬆綁，外資開始逐漸成為影響台股的重要力量。2003 年本國自然人比重首度跌到 77.84%，外資則成長到雙數位 10.65%；到了 2008 年金融海嘯爆發的那一年，外資比重拉升到 24.38%，本國自然人比重降到 61.66%。

2016 年更是出現翻轉性的結構變化，散戶占比降到不到 5

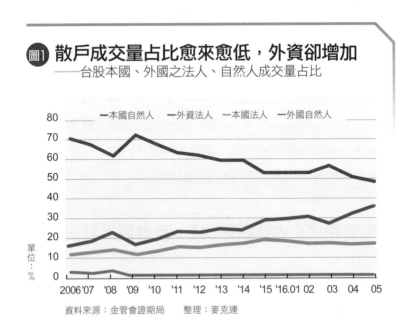

圖1 散戶成交量占比愈來愈低，外資卻增加
——台股本國、外國之法人、自然人成交量占比

本國自然人　外資法人　本國法人　外國自然人

單位：%

2006 '07　'08　'09　'10　'11　'12　'13　'14　'15 '16.01 02　03　04　05

資料來源：金管會證期局　　整理：麥克連

成，而法人占比 52.3% 首度超過本國自然人，其中，外資占比更是創下新高，拉高到 35.3%（詳見圖 1）。

外資在台股的重要性，我們從 2016 年 6 月 4 日台股的交易狀況就可以明顯感受到，這一天台股因為端午節連假補上班而在星期六開盤交易，因為外資週末不上班，全世界交易所也沒有開盤，台股成交量只有 302 億 700 萬元，創下 7 年半來新低，我們可以把這個量看成是台股內資盤的量，大約就只有這樣。

2016 年來，台股集中市場的每日成交均量大約都在 700、800 億元，少了外資就只剩下 300 億元的量了。缺乏外資的台股，的確很寂寞，也可以看出來，外資對台股盤勢主導的力量愈來愈大。這幾年來，只要是台股大跌，當天盤後你可以看到外資幾乎都是賣超（詳見圖 2）。

根據我的觀察，台股小漲、小跌，未必跟外資買賣超有關，但只要是大跌的行情，9 成以上都是外資大賣超；大漲也是一樣，只要台股大漲，盤後看到外資的買賣超資訊，9 成以上外資也是買超。

　　大漲或大跌沒有一定的點數或漲跌幅，而是跟前幾日的情況比較，相對性漲幅較大就算大漲，相對性跌幅較大就算大跌。

外資買賣台股具連續性，可用來判斷波段走勢

　　或許你會說，盤後才會看到外資買賣超的數字，知道台股跌是外資賣下來的，要怎麼應用在操作上？

圖2 台股大漲與大跌，都跟外資買賣密切連動
　　──台灣加權指數、外資買賣超日線圖

資料來源：XQ全球贏家　　整理：麥克連

　　由於外資買超或賣超常會有連續性，若大盤盤整一段期間，外資由買轉賣，大盤指數就很有可能波段下殺；相反地，若盤整一段期間，外資由賣轉買，就很有可能是台股波段上漲行情的開始。

　　外資買賣超與台股漲跌雖然是同步，但在判斷台股趨勢轉折時算是「先行指標」，主要就是外資買賣超的連續性，尤其在低檔盤整或高檔震盪時會更為明顯，一旦開始上漲或下跌，經常會有一個波段出現。

　　2016 年 1 月跟 4 月剛好就是兩個明顯的例子。台股在 2016 年 1 月時氣氛非常悲觀，因為美國在 2015 年 12 月升息之後，進入耶誕節長假，放完長假之後，股市就開始下跌，台、美、歐各地股市同步連續下跌，但是 1 月 29 日台股拉了根長紅 K 棒大漲，盤後我看到外資由先前賣超，之後又進入連續買超，我認為接下來應該很有可能是波段上漲行情，雖然中間一度下跌修正，但後續的確展開漲勢。

　　2016 年 4 月 28 日外資轉為大賣超之後，就連續賣超，台股也的確大跌，等到外資由賣轉買，才又轉為波段上漲行情；

但後續外資在連續買超中，突然賣超、又買、又賣，台股走勢也呈現忽上忽下的震盪行情，可見得外資主導台股盤勢的力量有多大（詳見圖3）。

外資連續性買超或賣超，就是用實際金額買超或是賣超台股，等於是外資對台股的看法，連續性買超就是看多台股後市，連續性賣超則是看空台股後市。

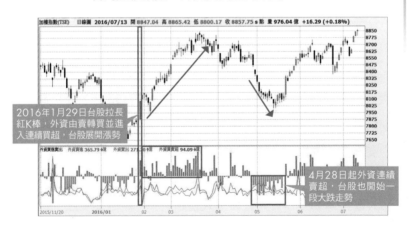

圖3 當外資連續買賣超，台股會出現強勁漲跌
——台灣加權指數、外資買賣超日線圖

資料來源：XQ全球贏家　　整理：麥克連

這裡是查「買賣超金額」，欲查「買賣超股票」，

見P154.

圖解查詢》外資買賣超數據

外資買賣超是指外資在股票交易市場買賣的金額，所以，要到證券交易所找資料，證交所每天都會公布，所有的證券商與新聞媒體每天公布 3 大法人買賣超的資料來源也是從這裡來的。

以前證交所只公布 3 大法人，也就是自營商、投信以及外資（含陸資）的買進、賣出與買賣差額，從 2014 年年底開始，證交所也開始將自營商分成 2 欄記錄，一欄是自營商自行買賣，一欄是自營商避險。這是因為自營商除了自行看多或看空的操作之外，也會因為發行權證，必須被動買賣現股來避險，這部分的金額愈來愈大，會導致失真，因此證交所才開始分開統計。

Step 1 要查詢外資買賣超資訊，先連結證交所首頁（www.tse.com.tw/ch/index.php），點選「交易資訊」→「3 大法人」→「3 大法人買賣金額統計表」。

接續下頁

Step 2 點入後就可看到 3 大法人當日在台股交易買賣資訊，
包括買進金額、賣出金額與買賣差額。我們要記錄的是外資及
陸資的「買賣差額」這一欄，這個數據是把買進與賣出金額
相加減之後，最後呈現的買賣差額，也就是俗稱的「外資買賣
超」。以 2016 年 7 月 13 日為例，外資及陸資的買賣差額是
94 億 884 萬 2,359 元，就可將它記錄下來。

資料來源：證交所　　整理：麥克連

2-3 指標2》新台幣匯率 同步指標 短線方向與台股走勢呈正向

新台幣匯率的走勢通常與台股加權指數呈現正向相關，只要新台幣匯率上漲，台股就會上漲，新台幣匯率下跌，台股就會下跌。

新台幣的連續升值與連續貶值，與台股趨勢是有連動性的，舉例來說，2016 年 1 月 4 日，新台幣匯率由 32.85 元貶值到 33.225 元，貶值 0.375 元，貶幅為 1.14%，當天台股下跌 223.8 點，跌幅 2.68%，這一天新台幣由盤整轉貶，台股也由盤整下殺。

接下來我們可以看到，新台幣連續貶值，台股也連續下跌，呈現同方向的關係。新台幣在 2016 年 1 月 22 日由貶值轉為升值，台股當天也同步止跌，上漲 92.17 點，漲幅為 1.2%，新台幣在 1 月 25 日繼續升值，台股也繼續上漲 137.97 點，

漲幅 1.78%（詳見圖 1）。只是新台幣的走勢圖升值是向下、貶值是向上，因此，看起來是兩張圖會呈現反向關係。

對我來說，新台幣匯率是同時指標，但就跟外資買賣超一樣，當新台幣由盤整開始連續升值，就很有可能是台股波段漲勢的開始；而新台幣由盤整轉為連續貶值，就很有可能是台股波段跌勢的開始，看新台幣升值或貶值，有助於我判斷台股接

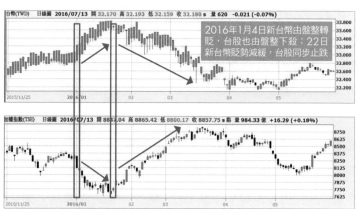

圖1 當新台幣升值，台股當天上漲的機率高
——新台幣匯率、台灣加權指數日線圖

資料來源：XQ全球贏家　　整理：麥克連

下來的走勢。

外資兌換新台幣交易台股，間接影響匯率走勢

為什麼新台幣匯率走勢會與大盤同步？當外資要買進台股，會將外幣換成新台幣，金額若高，就會使得新台幣的匯率走強；反之，當外資拋售台股，就會將獲利的新台幣換成外幣，促使新台幣走貶。

或許你會問，為何不看外資買賣超就好，不是更直接嗎？的確，外資買賣超是最直接的力道，外資換成新台幣還不一定買股票哩！但是觀察新台幣匯率的走勢，有一個最直接的好處，就是快速，盤中就可以看到新台幣匯率的變化，當新台幣強升、強貶，通常就是外資當天買超、賣超的提前預告訊號，對於期貨當沖判斷很有幫助。

我通常都是看新台幣的日線，央行對新台幣向來是阻升促貶，當新台幣大升時，央行雖阻升，但因外資一直匯入使升值力道強勁，央行只能擋一下讓新台幣不要升太多，因此台股仍然會漲；新台幣小貶時，央行會再加大力道踹一腳，使新台幣

圖2 看長線趨勢，新台幣與台股走勢未必相關
——新台幣匯率、台灣加權指數週線圖

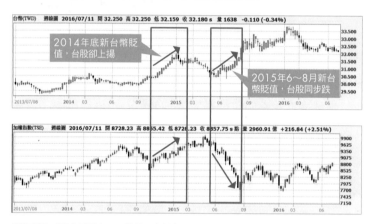

資料來源：XQ全球贏家　　整理：麥克連

貶值加大，台股有時不一定會同步下跌。

這樣的情勢若以長波段的週線來看，會有不盡相符之處（詳見圖2），但從日線的角度，準確率就高。

圖解查詢》新台幣匯率

我自己是習慣到鉅亨網查看新台幣匯率，這邊可以看到新台幣的即時匯率，也可以查看技術線型，讓我看到新台幣過去至今的走勢。

市場談新台幣匯率，絕大多數是指美元兌新台幣的匯率，也就是1美元要用多少新台幣兌換，數字變大代表新台幣貶值，因為要用更多的新台幣才能兌換到1美元；反之，數字變小即代表新台幣升值。

Step 1 首先登入鉅亨網首頁（www.cnyes.com），往下拉就可以看到右邊有「外匯看盤室」，我一般會在這邊看新台幣的即時匯率走勢，若想再細步研究最近走勢變化，還可以點擊「台幣」，就可以看到美元兌新台幣的技術分析線圖。

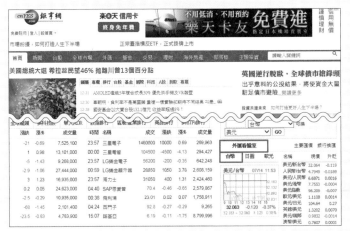

接續下頁

Step 2 點入「台幣」,可看到美元兌台幣的詳細資訊與技術線圖。

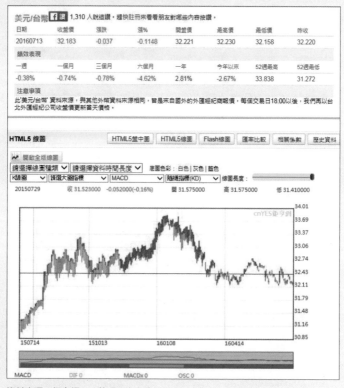

資料來源:鉅亨網　整理:麥克連

2-4 指標3》外資未平倉口數 領先指標 反映外資對台股後市的看法

外資期貨未平倉多空淨額口數（簡稱「外資期貨未平倉口數」），是指外資在台股期貨的未平倉多方口數減去未平倉空方口數的淨額，白話地說，就是外資在期貨市場留下來還沒有出場的部位，對我而言，外資未平倉多空淨額口數是預判後面幾天行情最重要的領先指標。

未平倉淨額為正數代表看多、負數代表看空

外資期貨未平倉口數是期交所於 2007 年 7 月 2 日開始公布的一項特殊籌碼資料，想了解這個重要的領先指標，必須先了解期貨市場的幾個術語：口數、建倉、平倉與未平倉。

買進股票通常以 1 張為單位，期貨則是以 1 口為買進單位。由於期貨可多空操作，看多市場就可買進 1 口期貨，看空市

場則可以賣出 1 口期貨，不管買進或賣出 1 口，第 1 次進場的動作，期貨市場就稱為「建倉」；平倉則是反向賣出或買進，把原來的部位獲利了結或停損，則稱為「平倉」；還沒有平倉，就叫「留倉」或「未平倉」。

外資未平倉淨額，就是統計外資在期貨市場一買、一賣相加減剩下來的口數，也就是當天收盤後，還沒有平倉、仍留在市場上的期貨合約部位。若相加減之後為正數，代表看多市場的期貨口數較多，稱為「多單」；若為負數，即看壞市場的期貨口數較多，稱為「空單」。舉例，外資今天在期貨市場買進 10 口期貨合約、賣出 1 口，買賣相減，還有 9 口期貨尚未平倉出場，今天期交所統計外資的未平倉口數就是 9 口。

範例：複習一下，前面有提到，「買進」期貨是看多後市，所以稱為多單，今天結算多單 10 口、空單 1 口，多單留在場內遠多於空單，常會聽見電視新聞節目提到今日外資未平倉口數多單共有幾萬口，就是這個意思。

相反地，若外資今天在期貨市場賣出 10 口期貨合約、買進 1 口，還有 9 口空單沒有平倉，也就是外資看空市場，預期

明後天市場可能還會跌，因此今天沒有把賣出的９口期貨合約平倉，這留在場內的９口賣出未平倉的口數稱為空單。

外資若看好台股後市，會提前利用期貨卡位

（手寫註記：外資拉抬台股の普遍手法）

為什麼我這麼重視外資在期貨市場的未平倉淨額口數？因為外資是台股市場上最有影響力的人。如果外資看好台股後市，會利用期貨這種高槓桿的商品先布局，接著買進權值股來把大盤拉高，所以，何不先透過期貨市場布局，來搶先機賺一筆呢？一來，既然知道買進現貨將推高大盤，先透過高槓桿的期貨卡位，可以用小的部位賺取較高的報酬；二來，期貨市場的成交量又大，流動性佳，可取代部分股票部位。

所以，我們觀察外資未平倉口數的變化，就可以預先知道外資接下來的打算。而且，外資操作一向具有連續性，一旦連續買進就會形成趨勢，不會忽買忽賣沒有邏輯，除非遇到黑天鵝事件，才會一夕由連續大買改為大賣。

過去，我們可以只看外資未平倉口數的絕對數量來判斷外資對台股的態度，但如同第１篇我提到的，現在熱錢過多，外

資湧進台灣期貨市場，所以不能再看絕對口數，而是要與上個月期貨結算日比較，來判斷外資這個月對台股多空的看法，我把這個判讀方式簡稱為「外資未平倉結算比」，這裡的「比」是比較的意思，而非比率或比例，稍後我會詳細介紹。

熱錢流竄使留倉口數攀升，改用相對數量判讀

未平倉淨額等於今天收盤後買進（多方）與賣出（空方）口數相加減的口數，但是，期貨交易所有許多期貨商品，包括股價指數期貨類、個股期貨類、利率期貨類、股價指數選擇權類、個股選擇權類、商品期貨與選擇權類等，我只在意股價指數期貨類裡面的台股期貨以及小型台指期貨，這兩種期貨對於對台股大盤、也就是加權指數影響最大，我會加總外資在這兩個期貨商品的未平倉口數來觀察。

由於 1 口台指期等於 4 口小型台指期，所以計算公式是：

外資期貨未平倉口數
＝台股期貨未平倉多空淨額口數＋（小型台指期貨未平倉多空淨額口數 /4）

　　上一本書，我有提到使用未平倉來預測大盤趨勢，當時，我是用絕對口數來看外資的動態；但 2016 年以來判讀的方式要略微改變，因為，現在全球央行拚命寬鬆貨幣，熱錢太多的情況下，未平倉口數水位整個被拉高，絕對口數的數字已經失真，要改用相對性來判讀外資的趨勢。

　　拿這個月 ╳上月做比較

　　這道理就如同在通膨環境下，早年的 100 元，跟後來 100元的價值是不同的，現在的外資也像通膨一樣，錢太多了，四處找尋投資機會，自從 2015 年 8 月 20 日以來，再也看不到外資未平倉口數出現負數，2015 年 8 月 24 日以來，也看不到外資未平倉口數在萬口以下，但不代表外資在波段是看多台股，例如在 2016 年 7 月 5 日，外資未平倉口數高達 6 萬5,000 口的水位時，隔天台股也曾出 140.32 點（-1.61%）的大幅下殺。所以，現在看外資在期貨未平倉口數，不能再用「絕對口數」來看，而是要用「相對數字」來判讀。

與上一個結算日比，口數增加愈多上漲機率愈高

　　至於相對性要用什麼為基本，來解讀外資是相對看多還是相對看空呢？我是將外資現在的未平倉口數與上個月結算日的口

數比較，若增加愈多，上漲機率愈高；若較結算日的口數是減少的，大盤下跌的機率就高。

舉例來說，2015 年 10 月 21 日是 10 月期貨最後結算日，未平倉口數是 1 萬 9,374 口、台股指數是 8,609 點；到了

表1 **看外資未平倉口數變化，判斷台股多空方向**
——外資未平倉口數變化與相對意義

外資未平倉口數變化	外資買賣超	意義
未平倉口數較上個月結算日增加超過萬口	同步大買超，例如金額在數十億元以上	確定做多
未平倉口數較上個月結算日減少超過萬口	同步大賣超	確定做空
未平倉較上個月結算日新增多單數百至數千口	買超金額不大或小幅賣超	中性，沒有方向
未平倉口數較上個月結算日減少數百至數千口	賣超金額不大或小幅買超	中性，沒有方向
較昨日大增萬口以上多單	不管買超或賣超	大盤隔日走多機率非常高
較昨日大減萬口多單	不管買超或賣超	大盤隔日走空機率非常高

整理：麥克連

2015 年 11 月 18 日期貨結算日，未平倉口數量 1 萬 6,252 口、台股指數 8,340.47 點，這段期間，未平倉減少 3,122 口，指數下跌 268.53 點。

　相反地，當未平倉口數相對增加，指數也會上漲。比如說，2016 年 2 月 17 日是 2 月期貨結算日，外資未平倉口數是 3 萬 1,368 口，台股指數為 8,214.25 點；到了 2016 年 3 月 16 日，3 月期貨結算日，未平倉口數是 4 萬 2,242 口，台股指數為 8,699.14 點，外資未平倉口數增加 1 萬 874 口，台股指數上漲 484.89 點。

　外資未平倉口數變化搭配外資買賣超判讀的方法如表 1，供讀者參考。

圖解查詢》外資期貨未平倉口數

期交所大約會在每日下午 3 點，公布當天 3 大法人在期貨的交易口數與未平倉餘額。查詢的步驟如下：

Step 1 登入台灣期貨交易所首頁（www.taifex.com.tw），點選「交易資訊」→「3 大法人」。

Step 2 左側選單中點選「3 大法人」→「查詢」→「區分各期貨契約」→「依日期」，選擇日期後按「送出查詢」。期交所每天下午 3 點更新資料，網頁會預設當日日期，若每日記錄數據者，找到連結之後可直接按「送出查詢」，即可看到當日數據。

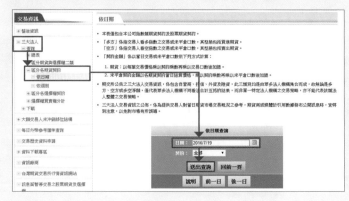

Step 3 期交所依照不同期貨商品分別列出自營商、投信與外資的交易資料，包括當天的交易口數、契約金額以及未平倉餘額，又分列出多方、空方與多空淨額。我們要找的是「台股期貨」與「小型台指期貨」外資未平倉餘額的多空淨額。

以 2016 年 7 月 19 日為例，外資在台股期貨的未平倉餘額為 6 萬 6,178 口，在小型台指期貨未平倉餘額為 1,970 口。

期貨契約

單位：口數；千元(含鉅額交易，含標的證券為國外成分證券ETFs或境外指數ETFs之交易量)　　　　日期2016/7/19

序號	商品名稱	身份別	交易口數與契約金額						未平倉餘額					
			多方		空方		多空淨額		多方		空方		多空淨額	
			口數	契約金額	口數	契約金額	口數	契約金額	口數	契約金額	口數	契約金額	口數	契約金額
1	臺股期貨	自營商	26,767	48,131,479	23,689	42,442,057	3,078	5,689,422	14,505	25,951,549	14,442	25,733,444	63	218,105
		投信	12,530	22,544,242	13,043	23,240,613	-513	-696,371	4,449	7,949,128	36,750	65,579,547	-32,301	-57,630,419
		外資	74,118	132,599,728	76,363	137,132,364	-2,245	-4,532,636	85,389	152,713,754	19,211	34,370,388	66,178	118,343,366
2	電子期貨	自營商	1,074	1,562,295	938	1,371,474	136	190,821	1,150	1,671,768	416	608,459	734	1,063,309
		投信	173	252,252	37	54,185	136	198,068	120	173,826	71	102,751	49	71,075
		外資	2,441	3,568,429	3,136	4,583,028	-695	-1,014,599	2,126	3,098,347	1,004	1,461,701	1,122	1,636,646
3	金融期貨	自營商	644	630,341	666	651,622	-22	-21,280	432	424,135	779	762,719	-347	-338,584
		投信	95	92,905	95	92,067	0	838	35	33,986	156	151,414	-121	-117,428
		外資	1,469	1,436,329	1,510	1,478,314	-41	-41,985	795	778,927	443	432,193	352	346,734
4	小型臺指期貨	自營商	7,490	3,348,407	8,407	3,759,452	-917	-411,045	19,965	8,940,218	12,544	5,618,222	7,421	3,321,996
		投信	343	152,636	54	24,247	289	128,389	829	371,528	495	222,981	334	148,547
		外資	25,930	11,642,070	26,418	11,866,999	-488	-224,929	3,211	1,433,959	1,241	554,789	1,970	879,170

接續下頁

Step 4 接著手動計算外資總共的未平倉口數：
外資期貨未平倉口數
＝台股期貨未平倉多空淨額口數＋（小型台指期貨未平倉多空淨額口數 /4）
＝ 6 萬 6,178 口＋（1,970 口 /4）
＝ 6 萬 6,670.5 口→這就是我平常所記錄的外資未平倉口數

Step 5 若要知道 7 月 19 日相對上一個結算日的外資未平倉口數變化，必須再查詢上一個結算日的外資未平倉口數，上一個月結算日是 6 月 15 日，因此重新到步驟 2 的地方，在行事曆選 6 月 15 日，再按下「送出查詢」，就可查詢結算日當天的未平倉口數。

同樣地將外資台股期貨未平倉口數＋（小型台指期貨未平倉口數 /4），即是外資在結算日的口數。

資料來源：期交所　　整理：麥克連

2-5 指標4》外資選擇權未平倉 [再確認指標]
搭配期貨未平倉口數確認方向

外資選擇權對我來説,是讓我更放心的再確認指標,我通常拿外資選擇權未平倉金額與外資在期貨未平倉口數的變化一同觀察,若未平倉多單口數增加,外資選擇權買權金額也增加,兩者同步看多,我會更加確定大盤上漲的強度是夠的;但外資選擇權若與期貨未平倉不同向,我就會提高警覺。

選擇權有買方與賣方、又有買權與賣權,詳細的操作方法會在第 5 篇説明,這裡只要先了解,買進買權是看大漲,買進賣權是看大跌,賣出買權是看不大漲,賣出賣權是看不大跌。

外資偏向做買方,多數時間與期貨做同步

外資在選擇權的操作,大部分時間都是做買方,很少做賣方,這跟選擇權的產品特性有關。選擇權的買方只要付權利

金，目前 1 口的權利金為 50 元，所以買進多少口選擇權，只要 50 元乘上點數即可，成本低廉；但做賣方就要付出保證金，目前 1 口的保證金約 2 萬多元，兩相比較之下，加上外資有控盤的能力，做對方向更能拉大獲利，當然會偏向做選擇權的買方了。

由於選擇權的槓桿程度比期貨大，還有做對方向會自動加碼、做錯方向會自動減碼的特性，外資多數會配合著大盤及期貨，作為選擇權布局的方向。比如說，如果外資在現貨是買超、期貨布建多單，那麼在選擇權上一般就會放大買進買權（Buy

表1 期貨、選擇權不同步，顯示外資對脫歐後市

日期	加權指數 （點）	加權指數漲跌 （點）	外資買賣超金額 （億元）	
06.23	8,676.68	-39.57	34.01	
06.24 **脫歐公投**	8,476.99	-199.69	-130.38	
06.27	8,458.87	-18.12	-15.19	

整理：麥克連

Call）的部位，讓他們的獲利更提高。

然而，也因為選擇權的成本低、槓桿高，因此也是外資拿來避險的工具，這會反映在如果現貨、期貨偏多，而選擇權卻偏空時，就可以看出外資對未來的大盤走向不是很確定了。

台灣期貨交易所有公布 3 大法人在選擇權的部位，如同期貨一樣，也有依口數及金額分別公布數據。在記錄期貨數據時，只需記錄口數即可；而在選擇權，我是用契約金額來記錄，原因是選擇權每個履約價所代表的金額不相同，同一口的價值

（手寫）→ 甘蜜例：見 P108 表=）

不確定——麥克連的每日紀錄表（2016.06.23～06.27）

外資大小台未平倉淨額 （口數）	外資選擇權 買權／賣權（千元）	
54,421	290,037	110,230
↓	↓	↓
56,449 **多單增加**	150,926 **多單減少**	354,546 **空單增加**
61,598	167,083	208,573

也會不同（詳見第 5 篇）。

當外資期貨、選擇權不同步，就要提高警覺

由於外資選擇權與期貨未平倉口數增減大部分都是同方向，

表2 外資期貨未平倉與選擇權多數時間方向相同

日期	加權指數（點）	加權指數漲跌（點）	外資買賣超金額（億元）	
05.18	8,159.68	19.20	-24.11	
05.19	8,095.98	-63.70	-83.99	
05.20	8,131.26	35.28	-0.95	
05.23	8,344.44	213.18	84.85	
05.24	8,300.66	-43.78	-10.55	
05.25	8,396.20	95.54	33.37	
05.26	8,394.12	-2.08	16.57	
05.27	8,463.61	69.49	45.71	
05.30	8,535.87	72.26	139.14	
05.31	8,535.59	-0.28	37.46	

整理：麥克連

這是他們的慣性，如果出現不同方向，代表外資對於明天或是接下來的行情自己也不是很確定，這種時候，我們操作就要很謹慎，我下單的量就會減少，提高警覺。

舉例來說，2016 年 6 月 24 日英國脫歐公投成功，造成

──麥克連的每日紀錄表（2016.05.18～05.31）

外資大小台未平倉淨額 （口數）	外資選擇權 買權／賣權（千元）	期貨未平倉、選擇權 布單增減方向
32,248	95,930／2,996	─
29,159	56,903／-25,755	多單同步減少
37,850	61,116／-28,630	多單同步增加
38,604	199,527／43,531	多單同步增加
31,132	125,905／42,271	多單同步減少
35,895	150,870／59,341	多單同步增加
36,817	144,005／59,147	期貨多單增加 選擇權買權減少
40,838	178,094／56,031	多單同步增加
39,580	200,728／49,057	期貨多單減少 選擇權買權增加
39,954	202,451／43,382	多單同步增加

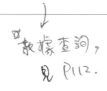

數據查詢，
見 P112.

全球股市大跌，該日台股下跌將近 200 點，外資在現貨賣超 130 億 3,800 萬元；但盤後看到外資在期貨是加多單的，而在選擇權上卻將多單減少、空單增加。雖然隔天之後波段上漲，但在當下也可看出外資對後市的不確定性（詳見表 1）。

另外，由表 2 可看出，外資在期貨與選擇權的布局，多數時間是同方向的。所以，對我來說觀察與記錄外資在選擇權的動態，主要是拿來搭配未平倉口數解讀，是一個再確認的角色，如果方向不同，我會減少下單；相反地，外資選擇權跟未平倉口數增減是同方向，兩者同時增加更多，我會更加確定這方向的強度，讓我下單更放心。

圖解查詢》外資選擇權未平倉契約金額

選擇權是個槓桿比期貨更大、投資組合更靈活的衍生性金融商品，對於外資這個能操縱股市的超級大戶來說，他們在選擇權上的布局也是我觀察的重點。由於選擇權有許多不同的序列價格，每一個序列價皆不同，無法像期貨一樣用口數來統計，所以我是用契約金額來記錄。

選擇權可分為買權（Call）及賣權（Put），至於他們的定義為何，本書第 5 篇會有詳細說明。而在記錄時，其觀察點與期貨相同，是買 Call ／ Put、還是賣 Call ／ Put。就外資的操作習性來說多以買方居多，主要也是因為買方所花費的資金少，風險也低，是個很好獲利的金融工具。

我們記錄與觀察外資選擇權，是為了要與外資未平倉的變化同時判讀，如果都是相同方向，一樣往多或是一樣往空，操作會更有信心。外資選擇權有兩項，我會分開記錄外資在選擇權的買權與賣權數據，資料一樣是到期交所找，步驟如下：

Step 1 登入台灣期貨交易所首頁（www.taifex.com.tw），點選「交易資訊」→「3 大法人」。

接續下頁

Step 2 在左側的選單中，點選「3 大法人」→「查詢」→「選擇權買賣權分計」→「依日期」，選擇要查詢的日期後，按下「送出查詢」。

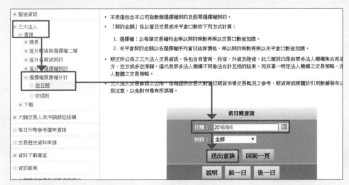

Step 3 找到台指選擇權、買權項目裡的外資，再往右找到未平倉餘額項下買賣差額的契約金額，記錄下來。賣權也是一樣。以 2016 年 8 月 5 日為例，外資買權金額為 207,626（千元）、賣權金額為 15,959（千元），這就是要記錄觀察的數字。

選擇權買賣權分計

單位：口數；千元(含鉅額交易，合標的證券為國外成分證券ETFs或境外指數ETFs之交易量)　　　　　　日期2016/8/5

序號	商品名稱	權別	身別	交易口數與契約金額						未平倉餘額					
				買方		賣方		買賣差額		買方		賣方		買賣差額	
				口數	契約金額	口數	契約金額	口數	契約金額	口數	契約金額	口數	契約金額	口數	契約金額
1	臺指選擇權	買權	自營商	124,326	292,781	112,521	252,613	11,805	40,168	123,551	645,107	127,214	652,122	-3,663	-7,015
			投信	0	0	0	0	0	0	1,895	1,218	1,910	1,218	-15	0
			外資	42,477	145,305	39,759	147,883	2,718	-2,578	86,911	934,952	78,420	727,326	8,491	207,626
		賣權	自營商	115,639	182,649	131,194	197,646	-15,555	-14,997	134,724	143,877	120,529	138,753	14,195	5,124
			投信	400	2,590	0	0	400	2,590	400	2,260	0	0	400	2,260
			外資	39,968	95,149	33,829	85,634	6,139	9,514	119,928	125,623	66,870	109,664	53,058	15,959

資料來源：期交所　　整理：麥克連

2-6 指標5》P/C Ratio 同步指標
關鍵時刻可提前抓到大盤轉折

台指選擇權 Put/Call 比，我簡稱為「P/C Ratio」，這個指標對我來說，是個同時性的指標，但在關鍵時刻也有領先判斷未來走勢的作用。P/C Ratio 是指台指選擇權賣權／買權的比值，期交所統計的 P/C Ratio 有兩種【第 1 種】是成交量的比率、【第 2 種】是未平倉量的比率，我使用的是第 2 種，又有人稱第 2 種為「賣權／買權未平倉比值（Put/Call Oi Ratio）」。

成交量的 Put/Call Ratio 是將賣權的成交量除以買權的成交量所得出的比率，而未平倉量的 Put/Call Ratio 則是將賣權的未平倉量除以買權的未平倉量所得出的比率。

數值增減與大盤漲跌同向，可確認波段走勢

選擇權的 Put/Call Ratio 可以說是衡量市場多空氣氛的指

標，因為看多的投資人傾向交易買權，看空的投資人傾向交易賣權，不過市場的氣氛不代表行情的實際走勢，因為行情總是在悲觀中上漲，而在樂觀中下跌。

所以當 P/C Ratio 的數字連續往上，雖然表示投資人操作方向偏空，但事實上大盤會向上漲；當 P/C Ratio 連續向下，代表投資人操作方向偏多，但實際上大盤卻會向下跌（詳見圖

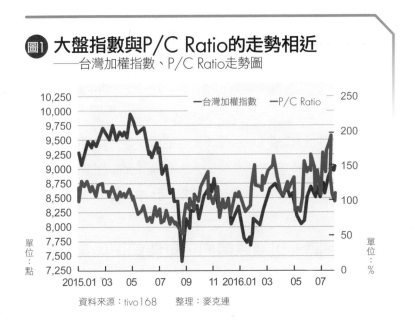

圖1 大盤指數與P/C Ratio的走勢相近
——台灣加權指數、P/C Ratio走勢圖

資料來源：tivo168　整理：麥克連

1）。P／C Ratio 大部分會與外資期貨未平倉口數的增減方向同步，偶爾兩者出現不同步，代表趨勢不明。

P／C Ratio 對我的重要性是多一個指標讓我確認、研判大盤波段的方向，由於我持有股票多半是波段，這個指標會讓我決定選股做多與做空的比重，如果 P／C Ratio 跟其他指標同步偏多，我會放膽增加做多的部位；若不同步，我會謹慎一點，縮小部位，或只做我最有把握的標的。

觀察方向性與絕對數值，3種用法判多空

P／C Ratio 是將所有在市場交易的賣權未平倉量除以所有在市場交易的買權未平倉量所得到的數值。當比值大於100%，代表賣權的未平倉口數大於買權的未平倉口數，表示投資人的操作方向是空的；當比值小於 100%，代表賣權的未平倉口數小於買權的未平倉口數，表示投資人的操作是偏多的。

不過，實證上，投資人的操作往往與市場的走向相反，所以，當 P／C Ratio 比值大於 100%，指數容易上漲；相反地，比值小於 100%，指數就容易下跌。

田象據查詢
見 P.118.
↑

市場上有很多 P/C Ratio 的解釋與用法，我對 P/C Ratio 這指標共 3 種用法：

用法1》高於100%偏多、低於100%偏空

這是最簡單的判斷方法，可使用在確認波段持股的方向性，當已買進股票做多，此時若 P/C Ratio 高於 100% 就還算安全，但若低於 100%，最好將手中的持股減碼。

用法2》數字增加為偏多、數字減少為偏空

這可在大盤短線變化中使用，可用來判斷大盤或期貨明天的走勢是多還是空，所以當 P/C Ratio 數字增加，隔天大盤上漲的機率就會提高。

用法3》當數字上升到近期新高，指數反而不容易再漲

P/C Ratio 算是同時並帶有些微領先的指標，當 P/C Ratio 數字增加，指數常會上漲，但若看到 P/C Ratio 創下近期新高，指數後續上漲的力道反而就會減弱或不易上漲，甚至開始下跌修正，我常利用這招，領先預判大盤指數後續的趨勢。

例如，2016年6月7日與8日 P/C Ratio 連續創近期新高，

表1 P/C Ratio創近期新高後，指數反而下跌
——麥克連的每日紀錄表（2016.06.03～06.16）

日期	加權指數（點）	加權指數漲跌（點）	P/C Ratio（％）
06.03	8,587.36	31.34	144.61
06.04	8,591.57	4.21	145.31
06.06	8,597.11	5.54	144.34
06.07	8,679.90	82.79	**160.10**
06.08	8,715.48	35.58	**168.26**
06.13	8,536.22	**-179.26**	145.41
06.14	8,576.12	39.90	154.87
06.15	8,606.37	30.25	116.80
06.16	8,494.14	-112.23	112.65

整理：麥克連

2016年6月7日與8日P/C Ratio連續創近期新高，6月13日大盤指數即下跌

我覺得大盤不容易再上漲，果然在 6 月 13 日，加權指數就跌下來了（詳見表 1）。

圖解查詢》P/C Ratio

P/C Ratio 跟外資選擇權一樣,都是記錄買權與賣權的關係,但 P/C Ratio 重視的是整體市場買權與賣權的比率。P/C Ratio 這數字不需要自己計算,期交所每天都有統計,要怎麼找?請看以下的步驟:

Step 1 登入期交所首頁(www.taifex.com.tw/chinese/index. asp),點選「交易資訊」會出現下拉選單,選擇「盤後資訊」。

Step 2 在左側的選單中點選「選擇權」→「台指選擇權 Put/ Call 比」,即可看到每日選擇權買權、賣權成交量、未平倉量等數據表格,我們要找的是「買賣權未平倉量比率」,以 2016 年 8 月 5 日為例,要記錄的數字是 118.94%。

日期	賣權成交量	買權成交量	買賣權成交量比率%	賣權未平倉量	買權未平倉量	買賣權未平倉量比率%
2016/8/5	320,916	296,450	108.25	563,282	473,750	118.94
2016/8/4	238,191	263,695	90.33	505,547	461,811	109.47
2016/8/3	450,208	465,502	96.71	439,481	393,617	111.65

資料來源:期交所　整理:麥克連

2-7 指標6》未來指標 領先指標
控盤者動向提早透露變盤訊息

股市怎麼走，不是決定在散戶的手中，而是取決於「主力」。這裡講的主力，不是一般所說的與公司大股東勾結坑殺散戶的主力，而是市場常說的「控盤者」，如果能夠事先了解控盤者怎麼想、怎麼做，就可以讓我們提前知道接下來的盤勢會怎麼走。

從多年的實戰經驗中，我找到 1 個指標，可以看到主力控盤者接下來打算是要做多還是做空？我把這個指標稱為「未來指標」，它可以比其他數字更早一步告訴我主力控盤者的方向。

<u>除了外資，還有「前5大，前10大交易人」</u> 見P120.

這個數字就藏在期貨交易所每日盤後公布的數字裡，只是我們還需要自己再動手相加減一下，如果能洞悉控盤者接下來的想法，多花 1 分鐘做點功課也是值得的，你說是不是？

〔計算方式〕→ 見P124.

大額交易人對未來的布局，常影響盤勢走向

期交所每天都會公布大額交易人未沖銷部位結構的各項數字，包括各種期貨商品、各個選擇權買權與賣權的前 5 大交易人、前 10 大交易人的買方、賣方的部位數。比較特別的是，期交所還分別統計本週、本月以及所有契約的數字，裡頭就藏著大戶對於下個月盤勢的看法。

台灣的期貨市場有個比較特別的地方，期交所同時會開 5 個月份契約，分別是自交易當月起連續 2 個月份，另外再加上 3 月、6 月、9 月、12 月的 3 個接續的季月，總共會有 5 個期貨契約同時存在 (詳見 4-1)。以 2016 年 8 月 5 日為例，期交所掛出的台指期契約，就有「台指08」、「台指09」、「台指12」、「台指03」、「台指06」共 5 個契約，「台指08」是現在正在交易的契約，也是最接近結算日的期貨契約，又稱為近月合約，其他的則都稱為遠月合約。

期交所在大額交易人的統計表中，就有本週、本月跟所有契約，當我們把大額交易人所有契約扣掉近月契約，其實就是代表大額交易人對未來行情的看法。而期交所有統計的大額交易

人有兩種，一個是前 5 大交易人、一個是前 10 大交易人，大額交易人對未來的布局，常常會影響接下來盤勢的走勢。

【2016總統大選範例】

我用 2016 年 520 事件為例，5 月 20 日是新任總統就職日，在過往，520 是個魔咒，歷次新總統就職上任，台股當日及之後均以大跌表現，但 2016 年 4 月 28 日大盤卻是一路跌，直到 5 月 23 日才正式結束翻轉向上，跟以往都不同。

大額交易人的期貨資訊卻早就告訴我們這個訊息，從每日記錄的數據來看（詳見表 1）：

見 P122【Excel每日記錄】

❶ 5 月 12 日，前 10 大交易人所有及當月轉為多單。

❷ 5 月 16 日，前 5 大交易人的當月也轉為多單。

❸ 5 月 18 日，前 5 大的所有也變成多單。

❹ 5 月 19 日，外資未平倉與結算日比的數字仍負數，代表仍偏空方。

❺ 直到 5 月 20 日收盤，外資未平倉與結算日比才轉為正值，代表偏多。

接著出現一波千點行情，從 2016 年 5 月 13 日低點 7,999.98 點到 7 月 21 日高點 9,075.89 點。

表1 2016年520前，大額交易人看法已悄悄翻多

手寫筆記：
註記 時間上不連續，只看趨勢即可。

日期	加權指數（點）	加權指數漲跌（點）	外資大小台未平倉淨額（口數）	與上一結算日相比（口數）
05.06	8,146.43	-21.53	27,024	-14,031
05.09	8,131.83	-14.60	28,480	-12,574
05.10	8,156.29	24.46	27,623	-13,431
05.11	8,135.56	-20.73	22,993	-18,061
05.12	8,108.05	-27.51	24,700	-16,354
05.13	8,053.69	-54.36	28,983	-12,071
05.16	8,067.60	13.91	32,335	-8,719
05.17	8,140.48	72.88	29,750	-11,304
05.18	8,159.68	19.20	32,248	結算日
05.19	8,095.98	-63.70	29,159	❹ -3,090
05.20	8,131.26	35.28	37,850	❺ 5,602
05.23	8,344.44	213.18	38,604	6,355
05.24	8,300.66	-43.78		-1,116
05.25	8,396.20	95.54		3,647
05.26	8,394.12	-2.08	36,817	4,569
05.27	8,463.61	69.49	40,838	8,590
05.30	8,535.87	72.26	39,580	7,331
05.31	8,535.59	-0.28	39,954	7,706

前5大、前10大交易人、期貨未平倉與結算比數據陸續轉多後，大盤開始大漲

整理：麥克連

——麥克連的每日紀錄表（2016.05.06～05.31）

前5大交易人留倉部位（所有，口數）	前10大交易人留倉部位（所有，口數）	前5大交易人留倉部位（當月，口數）	前10大交易人留倉部位（當月，口數）
-11,929	-4,752	-13,483	-6,140
-10,346	-2,541	-11,447	-3,919
-9,189	-436	-8,660	-2,549
-8,908	-268	-8,826	-2,279
-6,784	❶ 2,839	-4,091	1,900
-5,590	5,184	-1,190	3,258
-942	8,618	❷ 2,526	4,188
-350	8,474	481	1,393
❸ 4,096	10,742	2,616	10,068
2,880	5,931	689	5,931
5,072	11,039	3,295	9,813
6,280	11,730	3,926	10,531
6,505	12,757	4,078	10,776
8,249	14,676	5,103	12,719
8,043	13,568	4,621	12,619
7,140	14,705	4,444	13,105
8,466	15,246	4,856	13,542
7,649	14,848	4,589	12,891

負值越來越小，甚至轉正值。

指數由 8067.00 上漲 8535.59

123

從上面的例子可以看出來，大額交易人的數據常提早透露未來的走勢，所以我稱之為「未來指標」。

1分鐘手動計算，得出控盤者真實看法

期交所統計期貨大額交易人的表格有兩個主角，一個是前 5 大交易人，一個是前 10 大交易人，顧名思義，前 5 大交易人就是在期貨市場排名前 5 名的交易人，前 10 大交易人是在期貨市場排名前 10 名的交易人。這兩個期貨大額交易人未沖銷部位又可分為兩個部分：買方與賣方，他們在週契約、月契約以及所有契約的部位數與百分比。

我最重視的是前 10 大交易人的「當月契約」與「所有契約」這兩個契約的變化，但我們必須先自行加減前 10 大交易人的當月契約與前 10 大交易人的所有契約買方與賣方的數據，才能得出前 10 大交易人的當月契約與所有契約的真實情況，計算公式如下：

前 10 大交易人對未來看法
＝前 10 大交易人所有契約－前 10 大交易人當月契約

（淨契約）
前 10 大交易人所有契約
＝前 10 大交易人所有契約買方－前 10 大交易人所有契
約賣方

前 10 大交易人當月契約
＝前 10 大交易人當月契約買方－前 10 大交易人當月契
約賣方

看算式好像有點複雜，我拆解我的計算步驟給你看：

步驟 1：找到前 10 大所有契約的買方數據，扣掉前 10 大
所有契約的賣方數據＝前 10 大所有契約看法。若買方多於賣
方得出正數，即為看多；若買方少於賣方，得出負數即為看空。

步驟 2：找到前 10 大當月契約的買方數據，扣掉前 10 大
所有契約的賣方數據＝前 10 大當月契約看法。若買方多於賣
方得出正數即為看多；若買方少於賣方得出負數即為看空。

步驟 3：再將剛剛步驟 1 的數字（所有契約買方－賣方）
減步驟 2 的數字（當月契約買方－賣方）＝前 10 大交易人
對未來盤勢的看法（詳見圖 1）。

接下來，前 5 大交易人的看法，也是一樣的計算方式。

若兩數據衝突，應以前10大交易人為準

當前 10 大交易人所有契約－前 10 大交易人當月契約＞０，

圖1 範例》看期交所表格算前10大交易人看法
──期交所大額交易人未沖銷部位結構表（2016.08.05）

2016/08/05
（交易資訊含所有商品及距離交易）

契約名稱	到期月份（週別）	買方				賣方				全市場未沖銷部位數
		前五大交易人合計（特定法人合計）		前十大交易人合計（特定法人合計）		前五大交易人合計（特定法人合計）		前十大交易人合計（特定法人合計）		
		部位數	百分比	部位數	百分比	部位數	百分比	部位數	百分比	
臺股期貨（TX+MTX/4）	201608 W2	38 (0)	77.6% (0%)	45 (0)	91.8% (0%)	18 (0)	36.7% (0%)	24 (0)	49% (0%)	49
	2016 08	43,233 (43,233)	41.5% (41.5%)	59,141 (56,388)	56.7% (54.1%)	減去→	52.2% (50.4%)	60,010 (58,134)	＝當月契約看法 (55.7%)	
	所有契約	45,746 (45,746)	37.6% (37.6%)	65,917 (62,261)	54.2% (51.2%)	減去→	47% (41.8%)	64,427 (58,179)	＝所有契約看法 (47.8%)	

計算如下：
65,917口－64,427口＝1,490口（前10大交易人所有契約看法）
59,141口－60,010口＝-869口（前10大交易人當月契約看法）
1,490－（-869）＝2,359口（前10大交易人未來看法）

註：1.週的數據太小，可忽略不計；2.圖中括號裡的數字，為所有交易人未沖銷部位排序前5大或前10大交易人中，只計算屬於特定法人所持有之部位數量
資料來源：期交所　整理：麥克連

表示這 10 個大額交易人對下個月的盤勢是看多的，＜ 0 則代表看空；前 5 大交易人也是一樣的判讀方法。但當前 5 大交易人與前 10 大交易人的結果相反，該如何判別？此時我會以前 10 大交易人為主，畢竟前 10 大交易人包含了前 5 大交易人，更具有代表性。

（前 5 大也包含在前 10 大裡，非各自獨立）

另外還有一個重要的原因是，過去我前 5 大、前 10 大交易人的動向都看，但 2015 年底開始，因為台股的反向 ETF（指數股票型基金）（詳見註 1）規模擴大，當投資人申購反向 ETF，ETF 發行商就要在期貨市場布建空單（賣出期貨），導致前 5 大投資人的動向已然失真。

以台股第 1 檔反向 ETF 元大台灣 50 反 1（00632R）為例，上市不到 2 年的期間，在 2016 年 9 月規模已超過 850 億元，成為台灣掛牌規模最大的 ETF，想當然耳，發行元大台灣 50 反 1 的元大投信，在期貨市場也一定是擠進前 5 大交易人，

註 1：反向 ETF
顧名思義，就是跟指數報酬率相反方向的 ETF，以國內目前推出的 1 倍反向 ETF 為例子來說，單日指數下跌 1%，反向 ETF 則上漲 1%，發行 ETF 的投信會透過期貨商品、使用財務工程，複製出當日指數反向的報酬率。

　　而且，手上還是滿滿的空單。

　　原先我看前 5 大交易人，是想一窺市場最大咖的前 5 個交易人的看法，但投信卻是集結眾人資金，包括散戶與法人，並非全然是大戶的看法，因此，前 5 大交易人的動向在 2016年已被影響失真，所以我現在主要觀察的是前 10 大交易人。

圖解查詢》前5大、前10大交易人未沖銷部位

期交所會在每天 3 點後，公布大額交易人未沖銷部位的各項數據，其中，我們要查看的是大額交易人在期貨的未沖銷部位，且在找到數據後，還需要多花 1 分鐘手動計算一下。以下是查詢步驟：

Step 1 連結期交所網站首頁（www.taifex.com.tw/chinese/index.asp），點選「交易資訊」→「大額交易人未沖銷部位結構」。

Step 2 點進去後預設即為期貨大額交易人未沖銷部位結構（另有選擇權大額交易人未沖銷部位結構可查詢），期交所會統計台股期貨、電子期貨、金融期貨等不同期貨商品的大額交易人資訊，這裡我們只需留意台股期貨的數據即可。

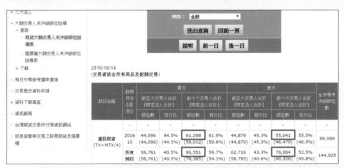

接下來就是手動計算的部分，以 2016 年 10 月 14 日的前 10 大交易人部分為例，以下是計算方法：

①前 10 大交易人所有契約看法
= 86,551 口 − 76,064 口 = 10,487 口

②前 10 大交易人當月契約看法
= 61,298 口 − 55,041 口 = 6,257 口

③前 10 大交易人未來看法
= 10,487 口 − 6,257 口 = 4,230 口

結論：前 10 大交易人對下個月期貨走勢的看法是偏多的，留下了 4,230 口的多單。

資料來源：期交所　　整理：麥克連

2-8 指標7》散戶多空比 同步指標 比融資更敏鋭的大盤反指標

　　大家都知道散戶常常是大盤走勢的反指標，過去，很多人常使用融資餘額來作為反映散戶心態的指標，當指數上漲時，融資沒有上漲，代表後續還有高點；當指數下跌，融資大減之後，接著指數常會開始大漲，所以，散戶被視為是大盤的反指標。

　　法人無法融資，散戶才會使用融資，且融資利率 1 年將近 6%，因此往往市場一有風吹草動時，融資持股就容易鬆動，加上融資有最低維持率 130% 規定（詳見註 1），只要股票市值大跌，投資人會被迫補錢，否則就會被券商強制賣出，也就是俗稱的「斷頭」，此時也會看到融資餘額大降，散戶被迫出場之後，股價就很容易上漲。

註 1：融資維持率
股票市值／融資餘額＝融資維持率，融資維持率即信用交易最低整戶擔保維持率，自 2015 年 5 月 4 日起，由 120% 提高至 130%。

觀察期貨布單，比看融資餘額更準確、更領先

期貨市場中也有類似融資這樣代表散戶的指標，且比起融資餘額更準、更領先、更敏感，是觀察大盤多空反轉的好用指標。

期貨市場上的散戶指標，我稱為「散戶多空比」，市面上有一些人是使用小型台股期貨（俗稱小台）來代表散戶，的確散戶銀彈相對較小，使用小台的比率較高，但其實，自營商、投信與外資也會使用小台，因此，我會再將自營商、投信與外資的部位扣除，這才真的是散戶下的單。

好反指標
範例①

舉例來說，2015年12月下旬，散戶多空比轉為正數，指數在高檔整理，還沒有明顯下跌，但過了幾天到了1月初時，散戶多空比大幅上升，指數也開始轉跌而形成一個下跌波段。

範例②

2016年1月底，散戶多空比由正再轉負，果然是散戶反指標，此時，加權指數開始翻揚向上，等到2016年4月底，散戶多空比由負再轉成正值，上漲波段結束，轉為下跌，而到了5月20日當天，散戶多空比由正轉負，指數也開始展開波段上漲行情（詳見圖1）。

小台契約量須扣除法人部分，才是真正散戶看法

散戶多空比的計算公式是：

① 數據查詢

見 P134.

散戶多空比
=（散戶看多－散戶看空）/ 小型台指期的全部未沖銷契約量 ×100%

散戶看多
=小台全部未沖銷契約量－小台自營多方－小台投信多方－小台外資多方

散戶看空
=小台全部未沖銷契約量－小台自營空方－小台投信空方－小台外資空方

在判讀上有 2 種用法：

用法1》正值表示大盤偏空，負值表示大盤偏多

散戶多空比為正值，代表散戶是做多的，而股市通常會下跌；若為負值，表示散戶做空，而股市通常會上漲。所以一開始可由散戶多空比在 0 以下或以上，來判斷大盤偏多或偏空。

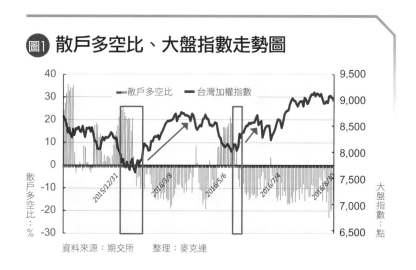

圖1 散戶多空比、大盤指數走勢圖

資料來源：期交所　　整理：麥克連

用法2》若持續上升，大盤將有波段跌勢

除了以零軸上下作為標準之外，也可用相對性來判斷指數未來的走向，例如數據轉為負值，此時指數通常進入漲勢，且若由-1%到-5%、-10%，甚至到-20%，指數就會持續往上漲，若數據一直在負值而沒有轉正，則指數會有一個上漲波段。相同地，若數據轉為正值，指數會開始進入跌勢，而若持續為正數如1%、5%、10%，甚至到20%，則指數會持續下跌，若沒有轉負，則指數會有一個下跌波段。

圖解查詢》散戶多空比

期交所並沒有公布「散戶多空比」這個指標，而是要透過自己手動計算，想得到這指標的數據，要先找到小型台指期的全部合約未沖銷契約量，接著再找到 3 大法人在小型台指期的未平倉多與空數字，然後套入公式計算。

Step 1 登入期交所網站首頁（www.taifex.com.tw/chinese/index.asp），點選「交易資訊」→「盤後資訊」。

Step 2 左側選單中，點選「期貨」→「期貨每日交易行情查詢」，接著選擇想查詢的日期，並在契約選項選擇「小型台指（MTX）」→按「送出查詢」。我們要查的是所有到期月份合約加總的未沖銷契約量，以 2010 年 10 月 6 日為例，即為「43,392」口。

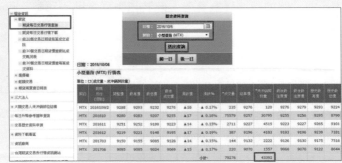

Step 3 從左側選單再選「3 大法人」→「查詢」→「區分各期貨契約」→「依日期」，接著選擇想查詢的日期，並在契約選項選擇「小型台指期貨」→按「送出查詢」。

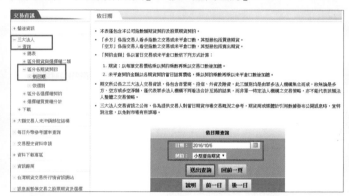

Step 4 找到小型台指期貨自營商、小型台指期貨投信、小型台指期貨外資的多方與空方未平倉餘額，共 6 個數字。

期貨契約

單位：口數(含鉅額交易，含標的證券為國外成分證券ETFs或境外指數ETFs之交易量)　　　　　　　日期2016/10/6

序號	商品名稱	身份別	交易口數與契約金額 多方		交易口數與契約金額 空方		交易口數與契約金額 多空淨額		未平倉餘額 多方		未平倉餘額 空方		未平倉餘額 多空淨額	
			口數	契約金額	口數	契約金額	口數	契約金額	口數	契約金額	口數	契約金額	口數	契約金額
1	小型臺指期貨	自營商	5,027	2,320,870	4,592	2,117,535	435	203,335	16,286	7,512,496	8,972	4,141,854	7,314	3,370,642
		投信	0	0	0	0	0	0	760	351,687	269	124,507	491	227,180
		外資	21,359	9,866,017	20,944	9,675,104	415	190,913	2,343	1,081,962	1,640	751,008	703	330,954

接續下頁

Step 5 找齊所有數據後，接著還需手動計算，先來複習一下散戶多空公式：

散戶多空比＝（散戶看多－散戶看空）／小型台指期的全部未沖銷契約量 ×100%

散戶看多＝小台全部未沖銷契約量－小台自營多方－小台投信多方－小台外資多方

散戶看空＝小台全部未沖銷契約量－小台自營空方－小台投信空方－小台外資空方

以 2016 年 10 月 6 日為例，把數據套進公式計算：

①算出散戶看多口數

小型台指的全部未沖銷契約量 43,392 口－小型台指自營多方 16,286 口－小型台指投信多方 760 口－小型台指外資多方 2,343 口＝散戶看多 24,003 口

②算出散戶看空口數

小型台指的全部未沖銷契約量 43,392 口－小型台指自營空方 8,972 口－小型台指投信空方 269 口－小型台指外資空方 1,640 口＝散戶看空 32,511 口

③計算散戶多空比

（散戶看多 24,003 口－散戶看空 32,511 口）／ 小型台指的全部未沖銷契約量 43,392 口）×100% ＝散戶多空比 -19.6%

資料來源：期交所　　整理：麥克連

2-9 指標8》3大美股 *同步指標* 影響隔日台股開盤走勢

3 大美股的收盤一定會影響到台股的開盤,我在上一本書有提到,美國目前仍然是全世界最強的國家,美國主要股市走向也會帶動其他國家的股市,美國股市大漲,一般台股當天的表現(至少是上午盤)就不會太差,如果太差,就表示有問題。

我每天都會記錄美國主要 3 個指數:道瓊、那斯達克(Nasdaq)、費城半導體等 3 大指數的漲跌,其實 S&P 500 指數也是重要指數之一,但台灣新聞比較多報導道瓊指數,久而久之,道瓊指數就成為台灣的美國股市指標。

(手寫筆記:+1 = 4大 DJI IXIC SOXX 史坦普指數 Ø Yahoo 股市就有)

3大指數分別影響不同族群

就我的經驗及記錄發現,道瓊漲跌會帶動隔天台股加權指數也就是大盤的變動(詳見圖 1),那斯達克影響的是電子股,

台北股市與美國道瓊指數亦步亦趨
——台灣加權指數、美國道瓊指數日線圖

資料來源：XQ全球贏家　　整理：麥克連

費城半導體則是對半導體族群，例如台積電（2330）、聯電（2303）、日月光（2311）、矽品（2325）等漲跌會有所關係。

若是這些美國市場的指數小跌小漲，對隔天台股的影響就不大；但若是他們的漲跌幅超過 0.5%，對台股隔日開盤就有較大的影響。

道瓊指數（DJI）、那斯達克指數（IXIC）、費城半導體指數（SOXX）等 3 大指數的漲跌點數，因為我已熟悉漲跌點的相對漲跌幅，所以沒有特別記錄，讀者可以自行加上漲跌幅度的記錄欄位。

美股上漲與下跌的幅度，影響台股的程度又與台股的位階有關，假如只有小漲小跌，對台股隔日開盤行情沒有什麼影響，但美股若下跌超過 0.5%，依台股的相對位置，又分以下 2 種狀況：

①台股位階高：會從開盤一直影響到 12 點或是影響全天。
②台股位階低：只會影響開盤，之後台股就會受韓國與中國的影響，接著才走自己的路。

而若美股上漲超過 0.5%，則是以下 2 種狀況：

①台股位階高：只影響開盤，之後台股就會受韓國與中國的影響，接著才走自己的路。
②台股位階低：威力將影響到台股的全天。

圖解查詢》3大美股指數

記錄 3 大美股是因為美股會影響台股短線，特別是開盤的多空，因此我每天都會記錄。許多看盤軟體都有提供 3 大美股的收盤指數，這邊以大家都看得到的免費資訊為例，教大家如何查詢。

Step 1 登入雅虎奇摩首頁（tw.yahoo.com），再點選左側「股市」。

Step 1 進入雅虎奇摩股市頁面中點選「美股」，就可以看到左側有道瓊工業、那斯達克、費城半導體指數以及漲跌。

資料來源：yahoo!奇摩股市　　整理：麥克連

綜合判讀》留意8項指標的重要性排序

前面介紹了我判讀大盤最重要的 8 個指標,每個指標的詳細用法都有介紹,如果 8 個指標全數偏多,當然就是全力做多;全數偏空,當然是全力做空。只是股市多變,這 8 個指標未必都是同一個方向,我這裡依照我心中對這 8 大指標判讀大盤的重要性做個排序,同時再將這 8 個指標的用法簡單整理如下,供讀者查閱、參考。

	大盤指標	重要性	用法
1	外資買賣超	同步指標,關鍵時刻也有領先作用	當大盤盤整一段期間,突然帶量上漲,若搭配外資賣超由賣轉買,通常都有波段上漲行情;反之亦然
2	外資期貨未平倉口數與結算日比	短期最重要領先指標	與上個月結算數字比較,增加或減少的方向性與幅度,可預測未來1~3天的走勢
3	未來指標(前5大、前10大交易人期貨未沖銷部位)	波段最重要領先指標	可預測下個月的波段走勢,愈靠近結算日,此指標愈準確,主要因為愈靠近結算日,愈多的投資人會開始進行下個月的布局 當前5大與前10大交易人的所有契約未平倉多單比當月的多,下個月上漲機率高 本指標可與當月部位、外資期貨未平倉與結算日比搭配觀察,若方向相同,則更能確認未來行情走向

接續下頁

141

手寫: 即P93. ←

手寫: P111. ←
手寫: [表格] 即109.

手寫: P118. ←

手寫: P134. ←

手寫: P140. ←

	大盤指標	重要性	用法
4	新台幣匯率	同步指標，關鍵時刻也有領先作用	常與大盤同步，且新台幣一天內的走勢較穩定，可來觀察大盤當日的走向。新台幣升值，大盤會上漲；反之亦然
5	外資選擇權未平倉金額	再確認指標	與外資期貨未平倉量一同觀察，若未平倉多單口數增加，外資選擇權買權金額也增加，則會加強大盤上漲的力道，若與期貨未平倉不同向，則要提高警覺
6	P/C Ratio	同步指標，關鍵時刻也有領先作用	有3種用法：①以100%為多空分野，高於100%偏多，低於100%偏空；②方向性也很重要，數字增加為偏多；③但是當數字上升到近期新高，指數反而不容易再漲
7	散戶多空比	同步指標，關鍵時刻也有領先作用	通常是大盤行情的反指標 *手寫: (扣除外資、投信、自營商)部位後的* *手寫: 的台指未平倉量)*
8	3大美股	同步指標，關鍵時刻也有領先作用	道瓊指數漲跌會帶動隔天台股加權指數也就是大盤的變動；那斯達克影響的是電子股；費城半導體則是影響半導體族群漲跌 *手寫: +*

整理：麥克連

手寫: S&P 500

►►► Chapter 3

選股篇》
讀籌碼抓對飆股

🔵 3-1 每天記錄法人買賣超排行 從中找出潛力飆股

Step ①

Step ②

判斷大盤的走勢之後，接下來就要進入選股。我一樣還是透過籌碼面來選股，每一天我都會記錄外資與投信的買賣超排行榜，從裡面挖寶，找出法人剛上車的股票，再用基本面排除地雷股，最後用技術面找出進出點。

隨著市場變遷，記錄方法須與上一本書稍有不同

我在上一本書已經詳細介紹我從每日法人買賣超排行榜挖寶的方法，這1年多來，很高興看到許多Line群組裡傳著有人每天依照我的方式所記錄的法人買賣超挖寶表格，以及在臉書（Facebook）上討論法人的買賣超變化，甚至許多財經節目、教授課程的名師，都會在選出股票後再看一下法人進出的狀況，代表著這個方法，的確可以幫助投資人找到好股票、賺到錢。

不過，隨著市場環境不同，以及許多人使用這個方法之後，我現在的記錄方式與前一本書所介紹的略有不同，不同之處主要有以下 2 個部分：

第 1，過去，我每天記錄前 30 名外資及投信買賣超的股票，但只優先看前 10 名，現在優先看的範圍擴大到 30 名的一半，也就是前 15 名。會擴大到前 15 名，除了因使用這個方法的人愈來愈多之外，主要還是台股成交量的關係，由於台股成交量日趨下降，使得法人不需花費太多的資金，就可以拉抬或下壓某一檔股票，如此一來，即使不在前 10 名的股票，也很容易因法人稍微買入就上漲。

（觀望3天，4th Day 才進場）—過去の買法

第 2，過去我會挑選法人連續 3 天買超的股票，標記成藍色，因為連 3 天買進，比較能排除一下買進、一下賣出的雜訊，確定是法人看好的股票；啟動連續買超或賣超之後，等到第 4 天才進場。而現在，我改成連 2 日買超就標記成藍色。為什麼我現在要提前 1 天？這大概也是我前一本書公布完整選股方法的「副作用」，自從上一本書出版之後，很多人跟我一樣每天記錄法人買賣超，從中挖寶，以法人連續買超、做多股票為例，有些人怕「搶」輸人，不想幫另人抬轎，提早卡位，常

（觀望2Day，3rd Day就買）

→ 越晚進場，股價被拉高，成本也變高

145

導致法人連續買進後的第 4 天,股價已被提前拉高。

所以,我現在只要是法人連 2 日買超或賣超就標記藍色,若搭配技術面剛轉多(或轉空)、位階又低(做空的話則選位階較高者),第 3 天就會進場布局。

每日抄錄240檔股票,依不同狀況標記4種顏色

我的記錄方式是,每天記錄 2 大法人(外資、投信)的買賣超排行榜,上市與上櫃的股票都會記錄。記錄的欄位我則只簡化記 3 欄:股號、股名、買賣張數。

我記錄的順序是:上市投信買超排行榜前 30 名、賣超前 30 名、上市外資買超前 30 名、外資賣超前 30 名。上櫃投信買超排行榜前 30 名、賣超前 30 名、上櫃外資買超前 30 名、外資賣超前 30 名。

這些資料都是公開的,每天下午 4 點,證交所與櫃買中心就會公布當天 3 大法人買賣超的排行榜,我只記錄買超與賣超前 30 名。有很多券商也提供簡易的表格,例如前 50 名,

方便讀者複製貼上（查詢法人買賣超資訊，詳見第 154 頁）。
每天盤後，我會手動複製這 240 檔的資訊，貼上 Excel 表格，
再透過顏色的標記，提醒我自己。我一共分成 4 種顏色記錄，
每種顏色各有其不同意義：

紅色：投信與外資兩個法人都同時看好或同時看壞的標的，
是我心目中的優選，以強烈的紅色標記。

藍色：投信或外資只要連續 2 天買進或賣出，就標記藍色。

綠色：投信與外資一買一賣，例如外資買、投信賣，或是
外資賣、投信買，兩大法人不同買賣方向者，標記綠色。

黃色：需要特別留意的股票以及 10 個交易日內第 1 次進
榜的股票。所謂需要特別留意，是指在報章雜誌上出現過的股
票，讓我留下較深刻的印象。10 個交易日內第 1 次進榜的股
票，這部分也與上一本書所寫的有所不同，上一本書寫的是 1
個月內第 1 次進入投信或外資的買超前 20 名，這次是 10 個
交易日內，原理就跟前面講的一樣，當太多人使用時，就把挑
選的範圍擴大。

（手寫註記：10 個交易日內，進入外資、投信買超的前 20 名）

只需看與大盤同方向的股票，優選紅＞藍＞黃

　　每天 240 檔，不會太多嗎？讀者曾經這樣問過我，的確，看似檔數很多，但其實真的值得觀察的非常少。當大盤在多頭的時候，我只找做多的股票，這樣就只剩下 120 檔；相反地，大盤走空的時候，我只觀察被法人賣超的股票。

　　120 檔當中，我第 1 優選的是外資與投信同時買進的標的，也就是被我標記紅色的股票；再來就是被外資或投信連續 2 天買進的標的，也就是被我標記藍色的股票，我也會注意，這樣就剩下沒有幾檔了。另外就是黃色的部分，有時那些被標記為黃色的股票是主力著墨的標的，尤其是被外資買進榜單裡的股票，這些股票一旦開始出現，往往就會被炒得高高的。

　　以 2016 年 9 月 12 日為例，上市公司中投信與外資一起買進的股票（紅色）有可成（2474）、微星（2377）、富邦金（2881）、神基（3005）、健鼎（3044）、瑞智（4532）以及敦泰（3545）（詳見圖 1），讀者若有興趣可以看一下這些股票的股價走勢圖，若在隔天買進，後續都還有高點出現。

　　不過，有些時候，個股標記藍色（法人連續買進或連續賣出）的，有可能也同時標記綠色（外資與投信買賣不同方向），該怎麼辦？此時就看看 2 個法人的買賣超力道如何，如果有一

圖1 外資、投信同步買超個股共有7檔
——麥克連的法人買賣超排行紀錄表（2016.09.12）

投信買超			投信賣超			外資買超			外資賣超		
2393	億光	530,000	1102	亞泥	-1,741,000	2474	可成	4,973,420	3481	群創	-45,126,006
5264	鎧勝-KY	502,000	2311	日月光	-1,221,000	00632R	元大台灣50反1	4,688,000	2409	友達	-29,131,069
2344	華邦電	356,000	2409	友達	-1,170,000	2377	微星	3,750,891	2330	台積電	-22,169,885
2707	晶華	295,000	2345	智邦	-1,025,000	1802	台玻	2,484,000	2317	鴻海	-20,083,355
4935	茂林-KY	273,000	2485	兆赫	-1,000,000	2881	富邦金	1,864,266	2891	中信金	-15,700,925
1319	東陽	270,000	1305	華夏	-980,000	1909	榮成	1,533,306	2883	開發金	-14,575,029
1101	台泥	234,000	9904	寶成	-688,000	3005	神基	1,505,000	2002	中鋼	-13,784,647
1702	南僑	200,000	3380	明泰	-627,000	00664R	盛泰臺灣加權反	1,475,000	2886	兆豐金	-11,862,257
2421	建準	200,000	2449	京元電子	-601,000	2352	佳世達	1,302,000	2324	仁寶	-9,202,321
3044	健鼎	184,000	2308	台達電	-514,000	00665L	FB H股正2	1,206,000	3231	緯創	-8,782,666
3376	新日興	145,000	8105	凌巨	-503,000	1305	華夏	1,098,000	2890	永豐金	-8,632,315
2377	微星	119,000	2327	國巨	-485,000	3514	昱晶	935,000	2888	新光金	-7,681,000
8070	長華	108,000	2891	中信金	-418,000	2455	全新	771,000	5880	合庫金	-7,488,518
1216	統一	100,000	3596	智易	-408,000	3706	神達	769,000	2880	華南金	-7,087,578
2408	南亞科	100,000	006205	FB上証	-300,000	4956	光鋐	755,000	2303	聯電	-7,068,242
2354	鴻準	95,000	2383	台光電	-270,000	01003T	兆豐新光R1	721,000	2887	台新金	-6,267,029
2882	國泰金	95,000	2419	仲琦	-260,000	3044	健鼎	708,000	1303	南亞	-6,128,208
4551	智伸科	85,000	2330	台積電	-237,000	00658L	盛泰日本正2	600,000	2412	中華電	-5,451,286
2881	富邦金	83,000	3617	碩天	-223,000	006205	FB上証	586,000	2884	玉山金	-5,025,001
4532	瑞智	82,000	3454	晶睿	-222,499	006207	FH滬深	563,000	1301	台塑	-4,948,002
3545	敦泰	80,000	6230	超眾	-203,000	00659R	盛泰日本反1	558,000	1326	台化	-4,493,613
1262	綠悅-KY	54,000	4952	凌通	-200,000	2489	瑞軒	555,000	2885	元大金	-4,473,003
2049	上銀	50,000	6176	瑞儀	-200,000	2609	陽明	523,620	3474	華亞科	-4,369,163
2104	中橡	50,000	1312	國喬	-199,000	00648R	元大S&P500反1	466,000	2311	日月光	-4,314,256
3005	神基	50,000	2456	奇力新	-179,000	00636	盛泰中國A50	461,000	2834	臺企銀	-4,158,000
1210	大成	49,000	2498	宏達電	-179,000	006206	元大上證50	416,000	1101	台泥	-4,059,181
8016	矽創	40,000	00652	FB印度	-170,000	4532	瑞智	406,000	2105	正新	-3,782,753
9938	百和	40,000	3023	信邦	-164,000	6285	啟碁	404,280	2823	中壽	-3,618,732
1736	喬山	40,000	4722	國精化	-137,000	3056	總太	404,000	2801	彰銀	-3,557,028
2474	可成	37,000	2883	開發金	-129,000	6116	彩晶	401,000	00637L	元大滬深300正2	-3,263,000
1568	倉佑	35,000	2376	技嘉	-127,000	3545	敦泰	389,149	1402	遠東新	-3,190,733
9933	中鼎	31,000	9910	豐泰	-120,000	00634R	FB上証反1	366,000	2328	廣宇	-2,977,000
5288	豐祥-KY	29,000	2454	聯發科	-117,000	3023	信邦	358,000	6505	台塑化	-2,880,384
2448	晶電	25,000	2105	正新	-111,000	2387	精元	351,000	1216	統一	-2,791,894
4958	臻鼎-KY	25,000	3706	神達	-100,000	2355	敬鵬	317,000	2301	光寶科	-2,743,349
6269	台郡	25,000	4919	新唐	-100,000						

註：上圖為上市公司紀錄表　　整理：麥克連

方特別多,就以那一方為主,例如,某檔外資連續買超 2 天的股票,但投信出現賣超的情形,而外資買超的張數遠超過投信賣超的張數,此時就可忽略不管投信的賣超。但若一買、一賣的張數相去不遠,我就會忽略這檔股票,因為雖然有一方法人連續買進,但是有另一方法人要賣出,會對未來漲勢不利,這個選擇標準不管是在上市還是上櫃都是一樣的。

一樣用 2016 年 9 月 12 日來看,外資買超神達(3706)769 張,投信卻賣超 100 張,這就可以明顯看出外資主導的力量遠大於投信,後續也可看出外資持續買進,投信的賣超也就停止了(詳見圖 2)。

大型股以外資排行為主、上櫃股以投信排行為主

另外,多數人的資金不足以買全法人買進的所有股票,該怎麼辦?這時就要有所取捨,除了兩大法人同買的「紅色」股之外,連續買的「藍色」股就可用公司的股本大小來區分。

若是大型股票,如台灣 50 及中型 100 的成分股,他們的股本多在 50 億元以上,這些也是外資喜歡的股票,也需要較多

的資金才能推升上漲，所以這些股票就以外資的買超榜為主。

　　而比較偏小股本的股票，尤其是上櫃的股票，就可以用投信的買超榜來挑選。上櫃股票的股本偏小，投信的資金較不如外資的龐大，也因為這樣，他們比較偏愛小股本、以及成長性較佳的公司。至於其他介於這兩者之間、股本不大不小的公司，則可就用前一段期間內誰買得比較多來判斷選股，外資買得

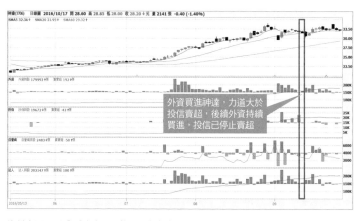

圖2 9月12日外資買超神達力量大於投信賣超
——神達（3706）股價、3大法人買賣超日線圖

資料來源：XQ全球贏家　　整理：麥克連

元太的股價漲跌多是由外資主導
——元太（8069）股價、3大法人買賣超日線圖

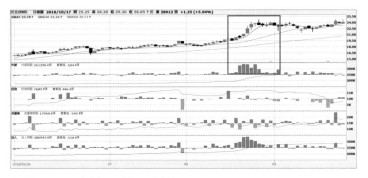

資料來源：XQ全球贏家　　整理：麥克連

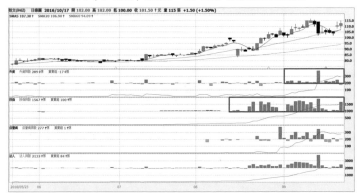 **柏文由投信發動買超，外資加入後更添漲勢**
——柏文（8462）股價、3大法人買賣超日線圖

資料來源：XQ全球贏家　　整理：麥克連

多,就看外資進出為主。

　以元太(8069)來說,雖然它是上櫃公司,但股本超過百億元,所以漲跌就以外資的買賣進出為主(詳見圖3)。柏文(8462)是個上櫃公司,股本僅有3億9,200萬元,一開始的上漲由投信發動,後來外資也參與其中,漲勢就更加凌厲(詳見圖4)。

重點提示》籌碼選股標準流程

我的法人買賣超排行榜,挑股步驟如下:

Step 1 每日盤後,記錄上市與上櫃的外資與法人買賣超個股,共240檔。

Step 2 挑出紅色、藍色及黃色,檢查技術面看有沒有適合的進場點。

Step 3 如果是不熟悉的股票,就檢視這些股票的基本面。

Step 4 若標記藍色的個股,同時標記綠色,若要做多,就看另一個賣超法人的張數,若很少就可忽略,若很大就不挑入候選股。

圖解查詢》外資、投信買賣超排行

1. 上市公司

Step 1 登入台灣證券交易所首頁（www.twse.com.tw/），點選「交易資訊」會出現下拉選單，點選「3 大法人」，再找到「投信買賣超彙總表」，以及「外資及陸資買賣超彙總表」。

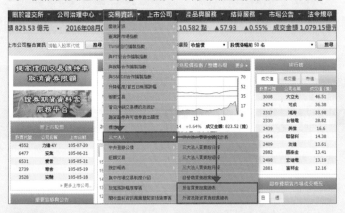

Step 2 以外資為例，步驟 1 選擇「外資及陸資買賣超彙總表」後，進入表格頁面，可直接選取要複製的檔數，貼上 Excel 表，再刪掉買進股數、賣出股數，只留下證券代號、證券名稱、買賣超張數。也可以按「下載 CSV」，就會下載成 Excel 的格式。

資料日期：105/08/08	● 依買賣超股數排列 ○ 依證券代號排列 查詢

本資訊自民國93年12月17日起開始提供，民國89年8月7日至93年12月16日資訊 由此查詢

列印　下載HTML　下載CSV

105年08月08日 外資及陸資買賣超彙總表 (股)			
證券代號	證券名稱	買進股數	賣出股數	買賣超股數
2882	國泰金	20,562,247	2,090,000	18,472,247
2317	鴻海	23,947,413	6,082,754	17,864,659

Step 3 下載 CSV 後，使用 Excel 開啟（如下圖），此時就比較方便編輯，我會先刪掉不需要的欄位，再複製貼上我每天的紀錄表。

	A	B	C	D	E	F	G
1	2016年08月08日 外資及陸資買賣超彙總表(股)						
2		證券代號	證券名稱	買進股數	賣出股數	買賣超股數	
3		2882	國泰金	20562247	2090000	18472247	
4		2317	鴻海	23947413	6082754	17864659	
5		2409	友達	26068134	8338000	17730134	
6		3481	群創	20222003	8365000	11857003	
7		2801	彰銀	12188278	2065258	10123020	

2. 上櫃公司

Step 1 登入證券櫃檯買賣中心首頁（www.tpex.org.tw/web），點選「上櫃」會出現下拉選單，找出「3 大法人」，就可以找到「投信買賣超彙總表」，以及「外資及陸資買賣超彙總表」。

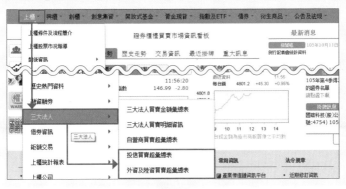

接續下頁

Step 2 這裡也是以外資買賣超為例,步驟 1 選擇「外資及陸資買賣超彙總表」後,可以直接選取想要複製的檔數,貼上 Excel 上,再刪掉買進股數、賣出股數,只留下證券代號、證券名稱、買賣超張數,也可以按上方的「另存 CSV」,就會下載成 Excel 的格式。

❷ 外資及陸資買賣超彙總表

日報表	周報表	月報表	年報表

資料日期: 105/10/07 　請選擇: 淨買超 ▼ 　🖨 列印/匯出HTML 　💾 另存CSV

本資訊自民國96年1月起開始提供

10月07日 外資及陸資買賣超前100名

排行 ▲	代號	名稱	買進	賣出	買賣超(仟股)
1	3105	穩懋	1633	497	1136
2	6244	茂迪	1061	104	957
3	8069	元太	1985	1203	782
4	6147	頎邦	2946	2216	730
5	3078	僑威	712	212	500
6	3260	威剛	522	65	457
7	5443	均豪	417	0	417
8	5347	世界	1524	1224	300
9	3479	安勤	349	61	288
10	8289	泰藝	215	2	213
11	4147	中裕	210	24	186
12	3264	欣銓	265	100	165
13	6238	勝麗	233	81	152
14	8086	宏捷科	263	113	150
15	3144	新揚科	155	8	147
16	8279	生展	126	3	123

資料來源:證交所、櫃買中心　　整理:麥克連

3步驟觀察產業籌碼挖寶縮短挑股時間

上一本書有談到除了從法人買賣超排行榜挖寶飆股之外,我還會從產業技術分析中,找出技術面剛轉強的產業,再往下找市值最高的龍頭股。這一本書我想再談談如何從產業的籌碼進階選股。

產業選股是我還沒開始用籌碼選股這個方法時,用來挑選股票的方法,在 2007 年之前,那時交易所並沒有公布詳細的法人持股進出紀錄,我所用的就是技術面加上基本面的方式來選出股票。我曾聽一位大師說,他每天都把市場上所有股票掃一遍,週末還會看週線,我曾試著做一次,但做了 2 天,我就知道這個方法不適合我,因為實在太累了。

後來我就想到,既然一檔一檔看太累,那就先從產業著手,因為產業並不多,選出產業之後,再去產業裡面挑選股票,既

有效率,也可找出我想要的股票。

每日記錄上市19類及上櫃17類的成交量比重

其實產業選股也有籌碼面,就是該產業的成交量增減。我會看產業成交量占整體市場成交量的占比,找出成交量占比剛開始增加的產業,代表資金正在流向這個產業,帶動產業交投熱度增溫,這產業很可能即將成為、或者已經成為主流產業,再從產業類股中去挑股票。

為什麼已經從法人買賣超排行榜挑選股票了,還要觀察產業籌碼的變化?主要是因為有些股票股本不大,無法一開始就進入法人買超的前 30 名榜單內,這時此種方法就可以找出遺珠之憾。觀察產業成交量占比變化,可以看到資金流向,當資金流向某個產業,使該產業突破長期壓力線或離開底部時,只要大盤是多頭,往往會有一波不小的漲幅。

產業在上市與上櫃各有多種分類方式,比較常見的有上市 8 類、19 類與 29 類這 3 種,一般上櫃則分 17 類或 10 類,我記錄的是上市 19 類以及上櫃 17 類的每日成交比重,對我

來説，這樣的分類既不會太粗，也不會過細。

　我慣用的看盤軟體「XQ 全球贏家」會每天公布上市各分類產業與上櫃 17 類的成交比重（詳見圖 1），投資人可以每天觀察這些數據的變化，但我習慣自己複製到 Excel 表格上，透過自己記錄，較容易掌握產業占比的數據跟過往的變化差異。

先看產業成交占比變化，再從中找龍頭股

　有人問我，電子產業不是一樣永遠都是成交量最高的產業嗎？的確，以上市公司的 29 類產業分類為例，電子中又有分半導體、光電、資訊……等等，電子是其他電子次產業加起來總量，當然會是最大。

　所以，不是要從電子產業中挑股，而是從電子次產業的占比變化挑出各電子次產業龍頭。不過，我仍然會留下電子產業占比持續觀察，因為電子產業的占比是很重要的台股大盤溫度計，當台股的產業重心──電子類股的成交量比重低於 50%，表示市場過冷；另外，當金融類股成交比重超過 10% 就是過熱。

圖1 看盤系統會每日公布各產業成交比重

上市公司19類產業成交比重

類股名稱	時間	指數	漲跌	漲幅%	成交值	成交比重%	平均比重%	比重差%
>>水泥	13:35	111.20	▼ 2.43	-2.14	3.92	0.52	0.49	+0.03
食品	13:35	1419.23	▼ 4.62	-0.32	10.24	1.35	1.18	+0.17
塑膠	13:35	222.32	▼ 3.35	-1.48	19.45	2.57	2.08	+0.49
紡織纖維	13:35	486.68	▼ 3.36	-0.69	7.87	1.04	1.58	-0.54
電機機械	13:35	163.40	▼ 1.26	-0.77	23.11	3.05	4.02	-0.97
電器電纜	13:35	35.47	▼ 0.14	-0.39	0.65	0.09	0.19	-0.10
化學生技醫療	13:35	99.78	▼ 0.64	-0.64	13.82	1.83	2.45	-0.62
玻璃陶瓷	13:35	39.32	▲ 0.07	+0.18	1.32	0.17	0.16	+0.01
造紙	13:35	154.43	▼ 0.47	-0.30	0.92	0.12	0.11	+0.01
鋼鐵	13:35	87.11	▼ 1.01	-1.15	6.35	0.84	0.81	+0.03
橡膠	13:35	324.15	▼ 4.59	-1.40	7.09	0.94	0.80	+0.14
汽車	13:35	246.50	▼ 5.73	-2.27	4.15	0.55	0.52	+0.03
電子	13:35	364.35	▼ 4.54	-1.23	469.45	61.98	61.39	+0.59
建材營造	13:35	237.46	▼ 1.37	-0.57	4.44	0.59	0.70	-0.11
航運業	13:35	59.91	▼ 0.66	-1.09	6.47	0.85	1.45	-0.60
觀光	13:35	116.10	▼ 2.10	-1.78	3.24	0.43	0.23	+0.20
金融保險	13:35	994.31	▼ 4.74	-0.47	50.60	6.68	8.08	-1.40
貿易百貨	13:35	216.05	▼ 2.75	-1.26	8.39	1.11	0.93	+0.18
其他	13:35	243.65	▼ 2.58	-1.05	23.38	3.09	3.17	-0.08

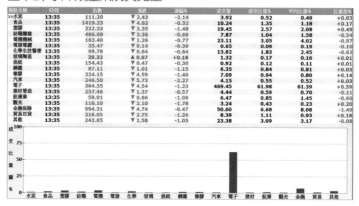

上櫃公司17類產業成交比重

類股名稱	時間	指數	漲跌	漲幅%	成交值	成交比重%	平均比重%	比重差%
化工	13:35	74.73	▼ 0.32	-0.43	1.97	1.09	0.62	+0.47
文化創意	13:35	93.99	▼ 1.88	-1.96	9.37	5.20	6.64	-1.44
半導體	13:35	39.77	▼ 0.03	-0.08	35.70	19.82	22.55	-2.73
生技醫療	13:35	166.24	▼ 0.26	-0.16	24.41	13.55	12.02	+1.53
光電	13:35	26.28	▲ 0.04	+0.15	11.77	6.53	7.60	-1.07
建材營造	13:35	97.40	▼ 0.03	-0.03	0.25	0.14	0.20	-0.06
紡織纖維	13:35	175.18	▼ 6.75	-3.71	0.89	0.50	0.32	+0.18
航運業	13:35	65.74	▲ 0.91	+1.40	0.30	0.17	0.14	+0.03
通信網路	13:35	69.08	▼ 0.72	-1.03	11.73	6.51	6.48	+0.03
資訊服務	13:35	114.95	▲ 0.47	+0.41	2.17	1.20	0.80	+0.40
電子	13:35	168.87	▲ 0.89	-0.52	103.35	57.37	74.33	-16.96
電子通路	13:35	65.50	▲ 0.44	-0.67	0.50	0.28	0.35	-0.07
電子零組件	13:35	66.63	▼ 0.68	-1.01	20.28	11.25	13.69	-2.44
電腦及週邊設備	13:35	64.55	▼ 0.43	-0.66	21.20	11.77	11.14	+0.63
電機機械	13:35	148.65	▼ 1.49	-0.99	5.01	2.78	2.59	+0.19
>>鋼鐵	13:35	117.34	▲ 0.52	+0.45	0.63	0.35	0.29	+0.06
觀光	13:35	74.68	▼ 0.88	-1.16	0.94	0.52	0.47	+0.05

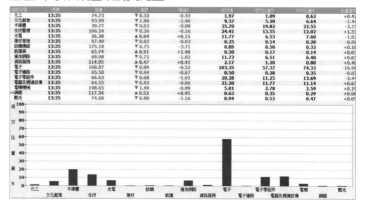

資料來源：XQ全球贏家　　整理：麥克連

產業成交占比數據相當重視相對性，而不是絕對數據，假設某產業的成交比重，跟自身前幾天的數據相比，是一天比一天增加，代表這產業人氣逐步增溫，很可能產業有出現什麼好消息，帶動產業成長，再從中挑選出隨之上漲的股票。

如何從產業籌碼挖寶選股，下面是我的步驟：

步驟1》找出成交占比突然出現變化的產業

首先我們要找的是產業成交占比變化的特殊情形，舉個例，像是上市食品產業，在 2016 年 5 月 13 日，成交占比突然上升到 2.041%，相比前幾天的平均成交量大增 2 倍以上，搭配股價漲 2.24%（詳見表 1），這代表有資金轉移到這個產業，這一天就是一個關鍵點。所以記錄產業成交占比，可以讓我很快掃一遍，挖到好東西。

步驟2》觀察產業類股的技術線圖

以食品股為例，5 月 13 日我發現資金流入，就打開食品類股的技術線圖，我看到食品類股股價跳上所有均線之上、成交量大增，技術面 MACD 剛由綠棒轉為紅棒，KD 指標也已黃金交叉向上，技術面已經進入多頭（詳見圖 2）。

步驟3》從類股中挑出產業龍頭股

接著我會將食品類股中的所有股票,用市值排序,找出最大的1、2檔股票,觀察是不是有進場的機會。如圖3的看盤軟體畫面,按最右邊的「市值」由大而小排序,可以看出來,在食品類股中,市值最大的是統一(1216),其次是佳格(1227)。

以食品股市值最大的統一為例,股價果然與食品類股同步大漲(詳見圖4),我就會觀察統一的技術分析是否有進場機會

表1 2016年5月13日食品股成交比重突然上升
——上市公司食品類股成交占比、股價漲跌幅

日期	食品股成交量占比(%)	股價漲跌幅(%)
2016.05.11	1.0186	0.94
05.12	1.1248	1.12
05.13	**2.041**	**2.24**
05.16	1.095	-0.5
05.17	1.3086	0.06
05.18	1.1248	-0.1
05.19	1.3416	-1.03

整理:麥克連

圖2 2016年5月13日食品股技術線型轉多
—上市公司食品類股股價、成交量、MACD、KD日線圖

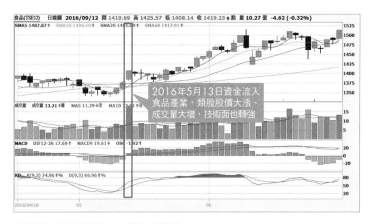

2016年5月13日資金流入食品產業，類股股價大漲、成交量大增，技術面也轉強

資料來源：XQ全球贏家　整理：麥克連

圖3 上市食品公司中市值最大的是統一、佳格
—食品類股列表（2016.05.13）

商品	買進	賣出	成交	漲跌	漲幅%	單量	總量	委買	委賣	內外盤比	均價	振幅	週轉	市值(億)
統一	57.5	57.6	57.5s	0.00	0.00	907	11621	101	6	57.5	57.27	568.20	0.84	3267.2
佳格	76.8	77.0	76.8s	▼1.60	-2.04	65	1721	38	12	78.4	77.07	87.99	0.53	675.8
南僑	68.8	68.9	68.9s	▼1.00	-1.43	27	568	2	6	69.9	69.37	29.41	1.38	202.7
大成	26.55	26.60	26.55s	▼0.15	-0.56	95	976	5	6	26.70	26.62	73.64	0.77	195.5
聯華	20.75	20.80	20.80s	▼0.20	-0.95	10	409	86	58	21.00	20.84	71.09	0.66	189.5
黑松	33.00	33.15	33.00s	▼0.35	-1.05	14	220	3	2	33.35	33.16	40.19	1.68	132.6
大統益	80.6	80.7	80.6s	▲0.10	+0.12	2	16	2	9	80.5	80.68	16.00	1.69	128.9
福懋油	52.5	52.9	52.9s	▲1.30	+2.52	5	77	3	1	51.6	52.76	21.87	0.43	115.7
卜蜂	38.80	38.90	38.85s	▼0.05	-0.13	51	896	1	27	38.90	38.80	26.80	1.08	104.1
>味全	18.50	18.55	18.55s	▼0.05	-0.27	67	777	92	3	18.55	18.52	50.61	-0.64	93.6
臺鹽	29.30	29.35	29.35s	▼0.05	-0.17	7	99	9	9	29.40	29.25	20.00	0.58	58.7
泰山	15.35	15.40	15.40s	▼0.05	-0.32	23	1646	87	66	15.45	15.43	35.33	0.23	54.4
味王	21.55	21.60	21.60s	0.00	0.00	13	64	5	2	21.60	21.56	24.00	0.42	51.8
福壽	15.25	15.35	15.25s	▼0.05	-0.33	11	69	1	3	15.30	15.35	31.88	0.14	48.6
聯華食	29.20	29.25	29.25s	▼0.15	-0.51	10	158	12	1	29.40	29.29	15.30	0.51	44.8
鮮活果汁-KY	152.0	153.0	152.5s	▲1.00	+0.66	2	55	3	2	151.5	150.52	2.72	2.69	41.4
愛之味	7.72	7.75	7.72s	▼0.10	-1.28	57	894	68	29	7.82	7.76	49.45	-0.12	38.2
天仁	37.30	37.35	37.30s	0.00	0.00	2	18	3	1	37.30	37.35	9.06	0.47	33.8
宏亞	19.05	19.25	19.10s	▼0.05	-0.26	2	26	5	2	19.10	19.17	10.83	-0.37	20.6
台榮	10.95	11.00	11.00s	0.00	0.00	8	48	4	10	11.00	10.91	17.71	0.31	19.5
興泰	29.35	--	29.35s	▲2.65	+9.93	12	1345	40	0	26.70	28.69	6.07	0.95	17.8
大飲	15.70	15.90	15.85s	▲0.05	+0.32	1	29	11	6	15.80	15.69	5.66	0.13	9.0

資料來源：XQ全球贏家　整理：麥克連

（關於進場點的判斷，詳見 3-3）。 見P168.

　　其實，5 月 13 日在外資買超的第 1 名就是統一，因此在我每天記錄的 2 大法人買賣超排行榜中，也看得到統一，可以說是殊途同歸。有趣的是，當天外資大買，卻出現融資大減、融券大增，代表散戶看不順眼，趁上漲放空，隔天雖然小回，但後續的大漲讓散戶賺少賠多。

圖4 5月13日統一與食品類股同步大漲
—— 統一（1216）股價、成交量、MACD、KD日線圖

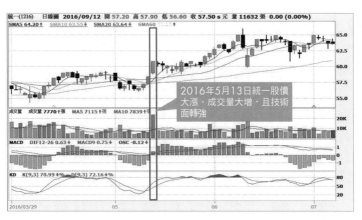

資料來源：XQ全球贏家　　整理：麥克連

可比看買賣超排行更早找到飆股、提前卡位

我還沒有用外資、投信 2 大法人買賣超排行找飆股之前，產業選股是我找股的主要方法。從產業選股的優點是，有時候會比用法人買賣超排行找股早個 1、2 天，主要是可能產業已有資金進去了，但個股買賣超還沒排進前 30 名。

另外還有一個例子，玻璃陶瓷類股 2016 年 9 月 6 日出現

表2 2016年9月6日玻璃陶瓷股成交占比上升
——上市公司玻璃陶瓷類股成交占比、股價漲跌幅

日期	玻璃陶瓷股成交量占比（％）	股價漲跌幅（％）
09.01	0.0739	0.91
09.02	0.073	0
09.05	0.084	0.59
09.06	**0.1445**	**2.74**
09.07	0.215	3.05
09.08	0.265	3.72
09.09	0.2474	-0.05
09.10	0.5993	-0.1

整理：麥克連

2016年9月6日玻璃類股技術面轉強
──上市玻璃陶瓷類股股價、成交量、MACD、KD日線圖

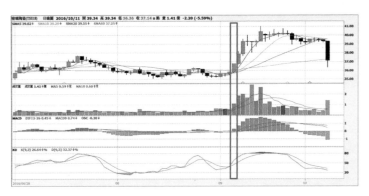

資料來源：XQ全球贏家　　整理：麥克連

成交量占比較前幾日大幅增加，該日的漲幅也到2.74%（詳見表2），觀察技術面，也看到出現第1根紅K棒又配合量漲，是一個多頭起漲的訊號（詳見圖5）。那我們就要來選股了，玻璃類股產業的龍頭股是台玻（1802），台玻也是在9月6日起漲，表現與玻璃陶瓷股一模一樣（詳見圖6）。

　　有趣的是，在9月6日台玻這檔股票雖然外資有買，但卻沒有進入外資買超的前30名榜單內，9月7日才進入；而用

台玻2016年9月6日起漲，與類股一致
—— 台玻（1802）股價、成交量、MACD、KD日線圖

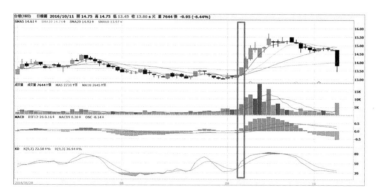

資料來源：XQ全球贏家　　整理：麥克連

產業選股這個方法，可以在６日盤中、或是７日開盤買進，
提前在相對低的價位布局完成，也增大潛在的獲利空間。

3-3 用技術面進階篩選起漲股 並配合指標找進出點

3-1 提到，我每天將法人買賣超排行記錄在 Excel 表之後，會注意 2 大法人同買賣（紅色）、法人連續買賣超（藍色）與 10 日內首度進榜的新名單（黃色）等股票，從中找出候選名單。此時名單可能有很多檔，但不可能檔檔買進，因此我使用技術面來進階篩選，一檔檔查看誰最值得優先布局。我是挑選技術面剛起漲的股票，作為優先考慮進場的標的。

以技術面篩選股票，還可分成 2 層篩選原則，若大盤處於大多頭或大空頭走勢時，往往有很多股票同時起漲或起跌，用第 1 層篩選出來的股票仍多，則可進入第 2 層進階篩選。

第1層篩選》**4個指標同時符合就可進場**

以多頭來說，我在檢視技術面是否要進場的原則如下：①股

價起漲，均線糾結才剛剛打開且呈多頭排列、②成交量上漲、③MACD 指標剛由綠棒轉為紅棒、④KD 指標黃金交叉向上。空頭則是相反，我的大原則是：①股價起跌，均線糾結才剛剛打開且呈空頭排列、②成交量上漲、③MACD 指標最好才剛由紅棒轉為綠棒、④KD 指標死亡交叉向下。

我用 2016 年 1 月做多中華電（2412）的例子來解說。中華電過去都是平靜無波，但 2016 年 1 月 6 日出現外資、投信同買的訊號，這時觀察外資及投信的買超，在 1 月 5 日就開始買進了（詳見圖 1），我會在第 2 天（1 月 7 日）早上放入選股名單中，等待好的進場時機。

放入選股名單後的隔天（1 月 8 日），這時還不是個買進的好時機,主要是因為技術面仍是整理狀態(均線還在糾結），我會繼續放在觀察名單中。

果然，再隔 1 個交易日（1 月 11 日），股價上漲，使得：①均線打開，代表很有可能是波段漲勢的開始、②成交量也上漲，短線會有一波上漲的力道、③MACD 指標才剛由綠轉紅第 2 天、④KD 指標已經黃金交叉向上（詳見圖 2），整體看

來都是個很好切入的買點,我會在這一天買進。

　中華電不只一次落入名單內讓我賺錢,2016年6月初開始也一直在名單內,只是那時的技術面還不是適當切入點,直到6月28日外資連續買進2日,6月29日、30日都是好買點。以6月30日來看,各均線已打開,成交量也較前一天增加5成以上,MACD第一天轉為紅棒,KD指標也顯示為多頭格局的黃金交叉向上,是個很好的進場點位(詳見圖3)。

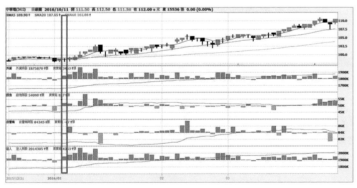

圖1 **2016年1月6日外資、投信皆買超中華電**
——中華電(2412)股價、3大法人買賣超日線圖

資料來源:XQ全球贏家　　整理:麥克連

2016年1月11日中華電符合進場4原則
——中華電（2412）股價、成交量、MACD、KD日線圖

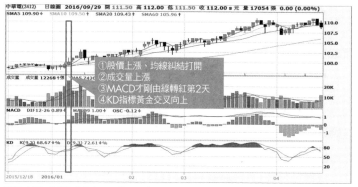

①股價上漲、均線糾結打開
②成交量上漲
③MACD才剛由綠轉紅第2天
④KD指標黃金交叉向上

資料來源：XQ全球贏家　　整理：麥克連

2016年6月30日中華電再度出現買點
——中華電（2412）股價、成交量、MACD、KD日線圖

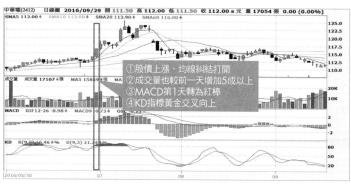

①股價上漲，均線糾結打開
②成交量也較前一天增加5成以上
③MACD第1天轉為紅棒
④KD指標黃金交叉向上

資料來源：XQ全球贏家　　整理：麥克連

第2層篩選》**看股價相對位置與均線糾結狀況**

如果有多檔股票技術面都呈現多頭，又該怎麼選？其實這種情況滿常發生的，在大盤大多頭的時候，常常會有很多股票技術面都呈現多頭，要如何進一步篩選出更會飆的法人認養股呢？我的原則是：①找低位階、②整理愈久的股票愈佳。

空頭則是相反，如果很多檔股票，技術指標都處於空頭，那麼我會優選：①高位階、②整理愈久愈好，才剛下跌更好。我舉幾個例子給大家參考看看：

原則1》做多找低位階、做空找高位階

什麼叫低位階？就是把技術線圖打開來看，現在的股價位置跟之前的股價相比沒有比較高，以下直接以岳豐（6220）為範例說明。

2016年8月26日，岳豐因為外資連續買超，盤後進入選股名單，而它之前已有經過長達1個多月的整理，雖然在更早之前、7月份時有一小段的上漲，但因為法人介入不深，所以漲幅也不大，相對來講仍屬安全的範圍內（詳見圖4）。

　　這時岳豐算是低位階第 1 階段上漲，股票一般都不會只上漲 1 個階段，通常第 1 階段上漲後，會有一段時間進入平台整理，然後再上攻第 2 階段，再進入平台整理。我偏好找尋第 1 階段上漲的股票，視我對這檔股票的了解或者當時對其他股票的資金配置，來決定是否參與第 2 階段上漲，若有其他更好的股票、或預期再上漲的風險高，那我就有可能在第 1 階段上漲後的平台整理、或是出現出場訊號時就出場，這個章

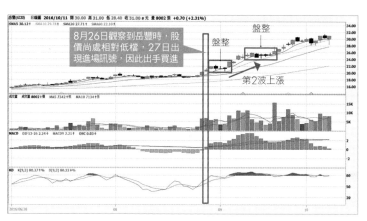

圖4 **岳豐在8月26日時，股價處於相對低檔**
──岳豐（6220）股價、成交量、MACD、KD日線圖

資料來源：XQ全球贏家　　整理：麥克連

節下半部，我會提到我的出場訊號有哪些。

以岳豐這一檔股票來說，我會在 8 月 27 日進場，這一天它同樣符合第 1 層篩選標準：①均線皆為多頭排列，且剛開始從糾結中擴散、②成交量能在 8 月 26 日放大，很有帶量上攻的態勢、③ MACD 剛由綠棒轉為紅棒、④ KD 已經處於黃金交叉向上。

雖然進場後沒多久就進入整理，9 月 2 日還跌破 5 日線，但依我對這檔股票的了解，我預期會有第 2 波上漲，所以我會續抱；若不夠了解這檔股票，即使停損出場，隔天仍有進場訊號，我也會再度進場。

原則2》股價整理愈久，發動漲跌的力道愈大

什麼是整理愈久？可以從均線的型態來看，只要股價陷入整理，均線就會開始糾結，在判斷上有 2 個原則：①愈多條均線糾結，打開之後漲跌的力量愈大、②糾結最少 1 個月，而不是 1、2 天。以和大（1536）為例，它在 2015 年 10 月均線糾結近 1 個月，11 月 4 日股價跳空上漲，成交量大於 5 日均量逾 1 倍，且 KD 指標已經黃金交叉向上，若在 11 月 4

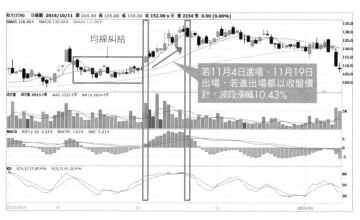

圖5 **和大均線糾結打開後，波段上漲10.43%**
——和大（1536）股價、成交量、MACD、KD日線圖

均線糾結

若11月4日進場、11月19日
出場，若進出場都以收盤價
計，波段漲幅10.43%

資料來源：XQ全球贏家　　整理：麥克連

日進場，11 月 19 日收長黑 K 線、帶量跌破 5 日均線出場，
進出場都以收盤價計的話，波段漲幅 10.43%（詳見圖 5）。

出場》**不論停利或停損，符合指標都要紀律賣出**

會買也要會賣，適時停利，將獲利落袋為安很重要，不然，
股價抱上又抱下，還是只能看著紙上富貴空歡喜一場。少賺倒

還是其次，不會停損就更糟糕了，停損就是承認自己看錯，偏偏這又是投資股票中最違反人性的一部分。

而且只要是投資，就一定要學會停損，因為這世上沒有一個投資股市的招式是 100% 必勝，如果沒有學會停損、不徹底執行停損，就像一個有漏洞的網子，留不住動如流水的財富。

我的出場有 4 個原則指標：①出現大量 K 黑棒、②跌破最近一根長紅 K 棒的一半先減碼一半，跌破長紅 K 棒低點，全數出場、③跌破 5 日或 10 日均線、④股價離 5 日均線正乖離率逾 5% 至 10%，出場一半。

不管是停損或停利，前面 3 個指標都適用，第 4 個指標則是停利時使用，如果在已有不少獲利的情況之下，離 5 日均線正乖離率逾 5% 至 10%，我也會出場，這種正乖離過大的出場，股價通常仍在上漲趨勢，我常常會先出場一半，而不會全出，除非是已經第 2 次上漲的股票，我才會全部獲利了結。

以前述的例子中華電來說，在 2016 年 1 月 11 日進場之後，股價持續上漲，但到了 1 月 15 日時，股價在開平盤之

後開始下跌，最後收 1 根長黑 K 並伴隨大量，這時的收盤價
101 元已將前一天的紅 K 完全吞噬（詳見圖 6），符合出場
原則的第 2 個原則，我會在這一天賣出。

之前說過，天底下沒有一個投資方法是完美的，若是在符合
進場條件時而進場，但結果不如預期，就要懂得停損，畢竟，
留得青山在，不怕沒柴燒。

圖6 中華電在2016年1月15日符合出場原則
——中華電（2412）股價、成交量、MACD、KD日線圖

> 1月15日時，股價收長黑K且將前一天的紅K完全吞噬，符合出場原則

資料來源：XQ全球贏家　　整理：麥克連

以正新（2105）為例，在 2016 年 8 月初時，由於外資的持續買超，會一直出現在選股名單之內，而買進的時間點會在 8 月 4 日，之後股價也隨之上漲，直到 8 月 11 日出現 1 根長黑 K，並吞噬前面 3 根的紅 K 棒，依照出場原則，這一天就應該要賣出獲利了結；但如果嫌賺太少、覺得會有反彈而沒有賣出，則再過 3 天就會面臨虧損，這時就一定要停損了，若還不出場，會讓虧損更加擴大（詳見圖 7）。

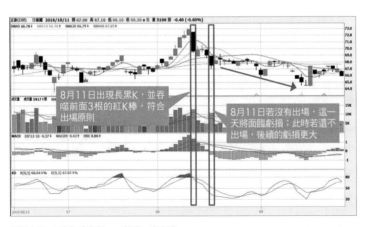

圖7 若不依原則出場，後續恐怕面臨更大虧損
——正新（2105）股價、成交量、MACD、KD日線圖

> 8月11日出現長黑K，並吞噬前面3根的紅K棒，符合出場原則

> 8月11日若沒有出場，這一天將面臨虧損；此時若還不出場，後續的虧損更大

資料來源：XQ全球贏家　　整理：麥克連

**3-4 學會加碼撇步
把獲利倍數放大**

不加碼的人不會賺大錢！我常說，要在股市賺到大的獲利，都是靠加碼來的，操作股票與期貨，除了學會找到進出點之外，還要會加碼，才可能把獲利放大！

我從一位期貨商營業員朋友那聽到一個真實故事，一位在短短在 8 個月內把新台幣 200 萬元變 2 億多元的投資人，就是靠著加碼來的。你沒看錯，是「2 億元」。

抓對趨勢＋適時加碼，8個月內把本金翻200倍

故事的主角是位退休的電子公司主管，曾在電子業工作的他對於新台幣兌美元的匯率很敏感，2014 年 7 月底時，美國聯準會（Fed）宣告正式結束量化寬鬆貨幣政策（QE），他預期美元會有一波漲勢，因此在 8 月左右拿出 200 萬元買美

元指數期貨，那時候，美元指數大約在 82 附近。

期貨的特性是只要獲利，帳戶內的權益數就會增加，權益數增加就有新增保證金可以再讓他下單。他看到權益數增加了，就又下單，這就是「加碼」，只要權益數增加，他就再加碼，多 1 口，再 1 口，到了 2015 年 3 月 31 日，指數最高到 100，這個時候，保證金戶頭價值已經到了 2 億 3,000 萬元～2 億 4,000 萬元，這也不過是 8 個月的時間，他透過加碼就把獲利放大 100 倍！

他是在國內的期貨商下單的，他的部位大到驚動到美國的交易所，交易所還寫信給期貨商詢問這個人是誰，並要求提供他的資料（大概害怕他是恐怖份子吧！），因為他手上持有的部位實在太大了，聽說，他持有的部位最高時曾達到 2,000 多口。

沒做好資金控管，2億元縮水成2000萬

不過，很可惜的是，他不懂得獲利了結，他覺得還會再往上漲，但事實上震盪過後，就大跌下來了。2015 年 4 月，美

元指數跌到 94.47 附近，他的 2 億元已經變成 2,000 多萬元，然後接受期貨商的建議，平倉出場。

他犯了一個錯誤是：沒有留足夠的保證金（有關期貨保證金相關介紹，詳見 4-1）！因為如果期貨大跌，當跌破維持保證金時，有兩種選擇：一是補保證金、一是平倉砍掉。由於他對風險控制沒有概念，沒有留下足夠的保證金，無法承受過大的波動而保留戰果，所以最後出場的時候，大概只賺了 2,000 多萬元。

8 個月的期間，他從 200 萬元到 2 億多再到 2,000 多萬元，可以說經歷了一場奇幻之旅。起點是美元指數 82 左右，他一路抱著、加碼到指數 100，將獲利翻 100 倍，由於後面加碼的點位較高，所以當美元指數一下來，這些高的損失會把獲利吃掉，所以當指數由 100 跌到 94 附近，就讓 2 億元縮水到 2,000 萬元。

他其實是期貨新手，對期貨不太熟，才會抱上又抱下，也由於不熟悉，不了解這個市場，後來把賺來的錢在其他的期貨市場賠光了。我講這個故事只是想告訴大家 2 個重點：第 1，

懂得加碼，就會賺到錢；第2，要有資金控管，一定要有出場的機制，這兩點都具備，才可以把賺的錢都留在手上。

3種狀況可進場加碼，最多加2次

「一切賺錢都是加碼來的？」沒錯！我是誇張了一點，但的確是如此。我自己常將部位分成3筆，第1筆資金是在大盤處多頭狀態、已找出法人買進的個股，且籌碼面偏多、技術面又剛突破時進場，而第2筆與第3筆資金就是拿來加碼用的。

股價動，趨勢不就發動了嗎？為什麼不要一次買足預定買進的部位？知名股市投機大師傑西‧李佛摩（Jesse Livermore）曾經過說：「把全部的部位都建立在單一價位上是錯誤而且危險的。」他建議分批買進，因為人不是神，不可能每一次進場就壓對寶。

所以，我第1次進場，通常只先用1/3的資金建立部位。建立部位後，接下來怎樣才可以再加碼呢？加碼不能由自己的主觀意志來決定，而應該要事先擬訂交易計畫，若沒有事先擬訂交易計畫，很容易隨著市場情緒波動而做錯決定。

什麼時候可以加碼？當持股出現以下 3 種狀況，我會進場加碼：

狀況1》股價再度發動

①剛進場大約 2、3 日之內，開盤若是上漲，技術面仍然多頭，就會加碼。

②若是股價大漲，再度突破整理平台上緣，即是可以加碼買進的點位。

狀況2》月營收成長率超越以往表現

舉例來說，本來月營收較上一個月成長 10%，也較去年成長 10%，這次公布的月營收，不管是月成長、年成長都更高了，代表這檔股票的成長力道更強了。

狀況3》營業利益率較上一季、去年成長

財報獲利數據有很多，其中最重要的是營業利益率，這個比率代表的是本業獲利能力，若營業利益率比上一季成長，又比去年同期成長最佳。

技術面、財務面都出現更好的消息，代表投資這檔股票的勝

率更高了，所以可再進場加碼，但為了不要將太多部位建立在過高的價位，我最多就只會加碼 2 筆。

法人看中的好股票，波段上漲的力道強，上升趨勢通常也較陡，但股價一修正往往也會來得快又急，因此，要限制追高的次數，免得過多的部位追在高點，行情一反轉，會吐回去不少獲利，就跟那位買美元指數的投資人一樣，財富一夕縮水。

因此，要紀律控制，最多加碼 2 次，這就是我說的，加碼也要有自己的紀律，我的原則就是分 3 筆，你也可以找到你自己的適合筆數，3～5 次都可以，但我建議不宜加碼太多次。

反之，如果沒有出現上面 3 種情況，就不加碼，因為代表這次進場很有可能看錯，接下來有可能直接出現出場訊號，而就算出現出場訊號，此時也只有 1/3 的部位受到傷害。學會加碼，就是希望可以達到這種大賺小賠的效果。

若股價大漲不必追高，靜候突破盤整再進場

有人問我，除了股價是盤中立即可見，營收或是財報往往都

是在盤後才會公布，那隔天應該是開盤就買進，還是盤中再找低檔買呢？

答案有兩個：①隔天接近收盤時，或是②靜候幾天等股價進入盤整、再度發動漲勢當天，股價一漲超過前面盤整區時進場加碼。

一般來說，若在持股過程中，遇到公布月營收成績出乎預期的好、成長率又更高，或是財報獲利比預期好，隔天股價通常開盤就會大漲，此時不需要急著追價買進，可以等隔天接近收盤時再買，避免當日開盤情緒過度高漲，後繼乏力股價反而開高走低。

這麼做有個缺點是，股價有可能會一路攻上漲停板而買不到，那也沒有關係，可以靜候幾天，等股價經過幾天盤整、冷靜後，再次發動漲勢的當天，也是很好的加碼點。

圖解操作》2015年操作微星實例

❶ 2015年10月16日，盤後注意到微星被投信及外資大量買進，帶動股價突整理區間，檢視基本面發現微星月營收呈成長趨勢。隔1個交易日（10月19日）以32.05元建立1/3的部位，隨後漲勢暫停，所以沒有加碼。

❷10 月 29 日股價雖然跌破 5 日線，但由於是微星的股價初次爬升，且未跌破 10 月 19 日的起漲點，視為仍在整理區間內不停損。

❸11 月 13 日，股價第 2 次發動，有可能進入主升段，且剛公布的 10 月營收年增率持續成長，拿到兩張王牌，進場加碼 1/3，買進價約 34.55 元。

11 月 16 日，一開盤很快就上漲，超過前 1 個交易日的收盤價，股價強勢表態，第 2 次進場加碼，買進價就在剛超過前 1 個交易日的 35 元。

❹11 月 26 日以大長黑 K 跌破 5 日均線，由於股價已歷經漲勢，距離買進價位已不少獲利，跌破 5 日均線，先出場 1/2，賣出均價約 41.5 元。27 日持續下跌，低於 26 日的收盤價，全數出脫，賣出價約 41 元，波段獲利 21.8%。

❺隨後即進入盤整。

資料來源：XQ全球贏家　　整理：麥克連

3-5 實戰選股上市篇 尋找外資認養股

我每天都會記錄外資與投信買超與賣超排行榜，雖然一天記錄 240 檔看似很多，但想到裡面可能會有讓我賺錢的寶貝，如果抓寶可夢（Pokémon GO）的寶貝都不嫌麻煩了，我想記錄對你來說，應該也不會太麻煩，更何況，真實的寶貝還可以讓你賺真的錢，這樣想想就不會累了。

前面有介紹我如何記錄、選股、進場、出場，這一章，我直接用 2016 年 5 月 25 日的 2 大法人排行榜，一檔一檔解說我是如何挑選股票、為何淘汰，又是如何進、出場。為了讓大家更了解我的想法，這一天我記錄的範圍擴大到 35 檔。由於此時大盤處於多頭趨勢，因此我只看買超排行榜，不看賣超。

我先從上市的部分開始分析，圖 1 是我自己記錄真實的 Excel 表。再複習一次，標記紅色的是外資與投信同買、藍色

圖1 觀察上市公司法人買賣超排行，挖潛力飆股

上市公司投信買賣超排行紀錄表（2016.05.25）

投信買超					
股號	股名	張數	股號	股名	張數
2311	日月光	4,252,000	2377	微星	203,000
2492	華新科	2,559,000	4984	F-科納	180,000
2618	長榮航	1,507,000	8341	日友	174,000
3189	景碩	1,496,000	2886	兆豐金	160,000
3017	奇鋐	1,440,000	2325	矽品	150,000
2317	鴻海	1,020,000	2455	全新	146,000
3380	明泰	775,000	1521	大億	110,000
2456	奇力新	644,000	2474	可成	110,000
1215	卜蜂	636,000	2548	華固	100,000
2330	台積電	614,000	1707	葡萄王	93,000
2498	宏達電	368,000	3376	新日興	79,000
3034	聯詠	353,000	2439	美律	78,000
4938	和碩	324,000	2454	聯發科	66,000
6269	台郡	257,000	8996	高力	65,000
9910	豐泰	256,000	2464	盟立	64,000
4746	台耀	235,000	6505	台塑化	62,000
2383	台光電	230,000	3514	昱晶	50,000
2485	兆赫	205,000			

投信賣超					
股號	股名	張數	股號	股名	張數
2379	瑞昱	-4,721,000	2204	中華	-154,000
1909	榮成	-900,000	6285	啟碁	-143,800
1704	榮化	-765,000	1536	和大	-140,000
3042	晶技	-517,000	3706	神達	-136,000
3596	智易	-492,000	2102	泰豐	-135,000
00632R	T50反1	-479,000	6271	同欣電	-125,000
9938	百和	-413,000	6230	超眾	-123,000
1319	東陽	-374,000	9945	潤泰新	-120,000
3474	華亞科	-330,000	1210	大成	-104,000
1305	華夏	-303,000	3454	晶睿	-100,000
2345	智邦	-282,000	1702	南僑	-76,000
1326	台化	-278,000	8016	矽創	-72,000
2105	正新	-267,000	4426	利勤	-66,000
2412	中華電	-231,000	1101	台泥	-65,000
1532	勤美	-220,000	8404	F-百和	-64,000
2355	敬鵬	-201,000	2397	友通	-60,000
2034	允強	-189,000	6166	凌華	-60,000
6415	F-矽力	-159,700			

上市公司外資買賣超排行紀錄表（2016.05.25）

外資買超					
股號	股名	張數	股號	股名	張數
2330	台積電	12,362,897	2354	鴻準	2,280,860
2498	宏達電	8,925,000	2105	正新	2,150,926
0050	台灣50	8,524,000	2885	元大金	2,053,582
2356	英業達	8,094,000	2801	彰銀	2,026,564
2882	國泰金	6,570,145	1216	統一	2,010,793
3231	緯創	6,265,435	2353	宏碁	1,991,000
2885	兆豐金	5,577,544	00650L	香港2X	1,740,000
2888	新光金	5,307,749	2823	中壽	1,520,745
2892	第一金	4,650,726	2881	富邦金	1,492,046
2884	玉山金	3,705,208	2887	台新金	1,487,000
2880	華南金	3,235,153	6116	彩晶	1,388,000
2324	仁寶	3,208,000	00642U	元石油	1,380,000
2610	華航	3,185,843	2439	美律	1,358,000
00637L	瀘深2X	3,122,000	00653L	印度2X	1,328,000
2379	瑞昱	3,025,003	4958	F-臻鼎	1,322,000
1605	華新	2,582,000	3474	華亞科	1,311,918
00631L	T50正2	2,464,000	2352	佳世達	1,309,000
4938	和碩	2,328,834			

外資賣超					
股號	股名	張數	股號	股名	張數
2303	聯電	-11,097,000	3189	景碩	-1,461,000
3481	群創	-10,265,099	4904	遠傳	-1,409,884
5871	F-中租	-7,423,000	2313	華通	-1,357,000
2409	友達	-7,198,968	2618	長榮航	-1,317,000
2311	日月光	-5,064,000	3576	新日光	-1,190,988
2474	可成	-3,606,215	2371	大同	-1,129,000
2408	南亞科	-3,272,000	3376	新日興	-1,103,319
3514	昱晶	-2,537,185	0061	寶滬深	-1,079,000
2883	開發金	-2,407,459	3519	綠能	-1,034,000
6176	瑞儀	-2,283,460	1305	南亞	-1,009,455
2515	中工	-2,191,000	2492	華新科	-986,912
1101	台泥	-2,044,000	2464	盟立	-983,000
3673	F-TPK	-2,000,000	2377	微星	-942,781
2867	三商壽	-1,876,188	2915	潤泰全	-912,000
00632R	T50反1	-1,836,000	3059	華晶科	-840,000
3034	聯詠	-1,753,000	5880	合庫金	-838,495
2317	鴻海	-1,619,745	2393	億光	-780,000
2609	陽明	-1,506,000			

資料來源：證交所　　整理：麥克連

的是連續買超、綠色的則是外資與投信不同步，不管是外資買、投信賣，還是外資賣、投信買，只要是一買一賣我就標為綠色。

我每天盤後記錄並檢視這個表，在上市外資與投信法人買賣超這部分，我有 3 個選股的順序：

第 1，我會優先看紅色的，也就是外資與投信同買的標的。

第 2，接著是法人連續買進的藍色標誌。不過，我要說明一下，當我在看上市公司的法人買賣超時，我會優先看外資連續買進的標的，因為上市公司相對上櫃公司的規模較大，外資籌碼多，比較有機會推動。

第 3，接著才會看投信買超的標的。

外資、投信同步買超個股共有4檔

2016年5月25日這天，在上市公司部分的紅色標記股（外資與投信同買）共有 4 檔。

紅色標記股1》台積電（2330）

第 1 檔紅色標記，外資與投信同買的就是台股最大權值股台積電，但其實 5 月 20 日外資與投信已經同買，且接著 2 大法人也連續買進，若先前已有記錄的話，理論上 20 日就會注意到這一檔股票並列入觀察名單了。

進場：假如 20 日盤後就看到台積電，其實最好的買點是 5 月 23 日，但後幾天才看到也還有機會入場，5 月 24、25、26 日都是可以進場與加碼的時機。為什麼 5 月 23 日是不錯的進場點，我的分析如下（詳見圖 2）：

①股價以紅 K 棒突破向上。
②成交量突破近期新高，至少超過 5 日及 10 日均量。
③股價同時站上 5 日均線、10 日均線與月線。
④KD 指標已黃金交叉。
⑤MACD 綠棒縮減轉成紅棒，且紅棒有持續上升的趨勢。

即便是 5 月 25 日才看到，26 日也可以進場，因為從型態上來看，前面有個碗形底，經過底部整理，價格仍在各條均線之上，正乖離沒有過大，而且，股價距離 23 日起漲點還沒有

太遠，我仍然會進場。

　　買進之後：台積電股價一路沿著 5 日線上漲，6 月 8 日雖然跳高，但實際上距離 5 日線的乖離率 2.29%，即使是 10 日線乖離率也僅 3.63%。以台積電這種大型股來說，用乖離率停利法，乖離通常不會到 10%，而是在 5% 左右，6 月 8 日這天乖離率尚低，還不到停利的時候。相同地，台積電這類

圖2 確認趨勢轉多，可於5月23日買進台積電
——台積電（2330）股價、成交量、MACD、KD日線圖

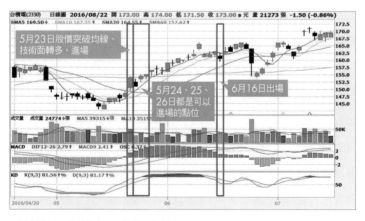

資料來源：XQ全球贏家　　整理：麥克連

的超大型股，包括台灣前 50 大的大型股，股價上漲多是沿著 10 日線走，只要沒有跌破 10 日線都可以持有，有時候漲勢凶猛時才會沿著 5 日線上漲。

出場：大黑 K、跌破 10 日線是我的出場原則，6 月 16 日出現黑 K，且跌破 10 線，我就會停利出場。

紅色標記股2》宏達電（2498）

第 2 檔紅色標記股，投信與外資同買的是宏達電，25 日看到這檔股票落入名單。

進場：檢查 5 月 25 日的籌碼面與技術面都已同步出現買訊，隔天早盤我就會買進，分析的理由如下（詳見圖 3）：

①股價跳高爆量收長紅 K 棒。
②股價已同站上 5 日、10 日以及月線。
③型態前面打了一個底。
④目前仍處於低位階，追高風險不大。

加碼：5 月 26 日買進後，接著第 2 個交易日 5 月 27 日收

盤沒有跌破前日低點、第 3 個交易日 5 月 30 日仍在整理，沒有跌破進場當天的低點。假如不幸後續跌破進場當天低點，就要停損。

　5 月 27 日第 1 次加碼，因為沒有跌破前一天低點，技術面沒有轉弱。5 月 30 日第 2 次加碼，當天由於技術面仍沒有轉

📊 **圖3** 5月25日宏達電進入觀察名單，隔日買進
——宏達電（2498）股價、成交量、MACD、KD日線圖

資料來源：XQ全球贏家　　整理：麥克連

弱，所以還可以再加碼最後一次，但最多只加碼 2 次，只有
學會加碼才能放大獲利。

出場：共有 3 個合適出場點，如下：

出場 1：較保守者可在 6 月 4 日，收盤大漲收 101 元，離
5 日線的乖離率到 9.6%，若以盤中高點 101.5 元計算，乖
離率更達 10% 左右，像這樣可先獲利了結一半。

出場 2：6 月 6 日，雖然這天 K 棒的高點與前一根 K 棒一樣，
收盤價（也是最低價）也與昨日的低點相同，這就有點轉弱的
味道，但因為量是縮的，較保守者可在這一天再獲利了結剩下
部位的一半。

出場 3：6 月 7 日，這一天宏達電下跌，不僅是跌破了 5 日、
10 日均線，而且是用跳空的方式下跌，也將前 4 天的 K 棒全
部吞噬，稍微了解技術分析的投資人就知道這是股價轉弱的訊
號，我就會在這天全部賣出。

但之後是不是就不再理宏達電了呢？其實，像這種低位階、

第 1 次起漲的股票，會經過一段整理後再來第 2 次的起漲，屆時若又有技術面買訊，法人仍在買超行列中，我也會再次進場。

紅色標記股3》和碩（4938）

和碩在 5 月 24 日，投信連續買超；5 月 25 日外資及投信同步買超，因此進入選股名單中。

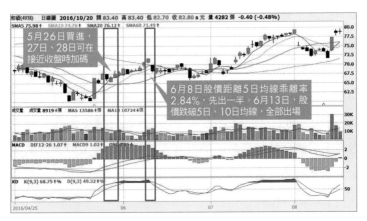

圖4 5月26日買進和碩，隔日符合再加碼條件
——和碩（4938）股價、成交量、MACD、KD日線圖

資料來源：XQ全球贏家　　整理：麥克連

進場與加碼：5月26日買進，因為股價都在各條均線之上，收在66.3元。5月27日、28日，可以在接近收盤時加買，因為距離買進成本不遠（詳見圖4）。

出場：6月8日大漲，收71.7元，距離5日均線乖離率2.84%，先出一半。6月13日，股價同時跌破5日均線與10日均線，收68.3元，全部出場。

紅色標記股4》兆豐金（2886）

其實這檔也是在5月23日就已經進入選股名單中，25日投信外資同買又再度出現在選股名單上。

進場：5月23日的技術面出現多頭買訊，我會在24日就進場，理由分析如下（詳見圖5）：

①股價爆量長紅上漲，明顯突破區間整理。

②均線糾結打開，呈多頭排列。所謂均線多頭排列，就是股價在5日均線之上，5日均線又在10日之上、10日均線又在20日均線（月線）之上、20日均線又在60日均線（季線）之上。

　　加碼：5 月 24 日開盤即可以買進，5 月 25 日、26 日技術面都沒有轉弱，仍在 5 日均線之上都是可以加碼的時間，但最多加碼 2 次。

　　出場：共有 2 個合適出場點，如下：

　　出場 1：6 月 14 日盤中最低點到 24.05 元，已經跌破 10 日線，且 KD 已轉弱，我會先出場一半。其實我還有另一種出

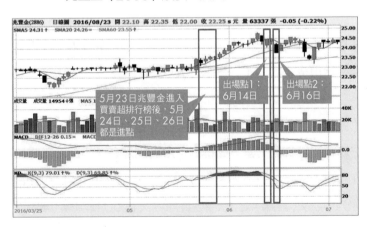

圖5 **兆豐金5月23日進入觀察名單，隔日可買進**
——兆豐金（2886）股價、成交量、MACD、KD日線圖

資料來源：XQ全球贏家　　整理：麥克連

場判斷的小撇步，當 MACD 指標的紅棒，若縮小到這一波最高的紅棒一半的時候，也是我會出場的時機，這波 MACD 的最高棒落在 6 月 3 日，6 月 14 日 MACD 的紅棒已跌到 6月 3 日最高紅棒的一半，這也是出場訊號。6 月 15 日，收在24.45 元，雖然在 5 日均線之下，但還沒有跌破 10 日均線，暫時還不用出場。

出場 2：6 月 16 日，開盤就跳空下跌，MACD 紅棒不只縮減，還轉為綠棒，盤中就可以找點全部出場。

外資連續買超個股共有11檔

如果資金較少的人，其實光是從上市公司的外資與投信同買的名單中挖寶，找出好股票之後，做功課研究個股，每天觀察照顧，經過長時間練習買賣點，相信就可以獲利不少。

但當你的資金增加了，看盤的能力也擴大之後，還可以增加你的選股池。我自己還會再看藍色，也就是外資或投信連續買的名單，這裡也常常會出現飆漲的個股。5 月 25 日外資連續買超的個股共有 11 檔，其中，兆豐金也是紅色標記，已在前

文分析，剩下還有 10 檔，我一檔一檔解說給大家看，我是怎麼解讀、挑選這些股票。

藍色標記股1》英業達（2356）

5 月 25 日記錄的時候，其實英業達已被外資連續買進第 4 天，5 月 23 日已經爆量上漲，5 月 25 日雖然剛突破前一波整理平台，但是技術指標 MACD 的紅棒已經一陣子了，KD

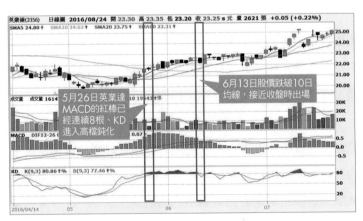

圖6 5月26日英業達KD已鈍化，投入資金不宜高
——英業達（2356）股價、成交量、MACD、KD日線圖

資料來源：XQ全球贏家　整理：麥克連

值快到 80，這檔不會是我的優先選擇。如果我手上沒有其他股票，這檔股票從籌碼與技術面來看仍是多頭，5 月 26 日還是會進場買，只是我心中對它的漲幅期待不會太高，所以也會控制投入資金。

進場與加碼：我會在 5 月 26 日開盤進場（詳見圖 6），但資金比重不會太高，因為 K 值已在 80 之上，明顯進入高檔鈍化區；MACD 的紅棒已經連續 8 根，表示基期已不算太低。接下來，出現 2 次加碼機會，分別在 5 月 27 日與 5 月 30 日，因為這兩天的技術面仍多頭，股價仍收在均線之上，且收盤高點與第 1 次買沒有相距太遠。

出場：6 月 13 日當天跌破 10 日線，我會在接近收盤的時候以 22.2 元出場。大型股出場點我一般都會看 10 日均線，因為大型股一般比較不會沿著 5 日線直衝上漲，往往走走停停、慢慢上漲，有時候跌破 5 日線只是休息一下，所以我會等 10 日均線跌破才出場。

藍色標記股2》緯創（3231）

這一檔我的買進順序也會往後移，甚至放棄，有 3 個理由：

第1，股價在高檔，離底部上漲已有些距離；第2，技術指標MACD 在高點；第3，KD 也在高點，漲幅可能已經到末端了（詳見圖7）。

藍色標記股3》第一金（2892）

　5月25日檢視第一金技術面偏多：首先，股價收16.15元，在各條均線之上，每條均線向上翻揚，均線多頭排列，股價離

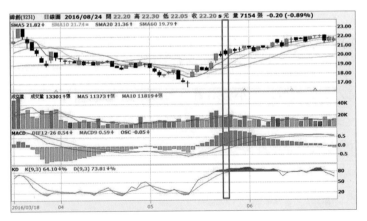

圖7 5月25日緯創股價已在高檔，不宜介入
——緯創（3231）股價、成交量、MACD、KD日線圖

資料來源：XQ全球贏家　　整理：麥克連

5 日均線及 10 日均線不會太遠；第 2，KD 值 76.66，還沒未達 80 高檔區；第 3，MACD 雖然已第 6 根，但紅棒區才剛開始變高（詳見圖 8）。

　　進場與加碼：根據上述分析，我會在 5 月 26 日進場買，當天收 16.15 元。隔天（5 月 27 日）加碼 1 次，股價收在 16.3 元。5 月 28 日不適合加碼，因為這天股價距離第 1 次

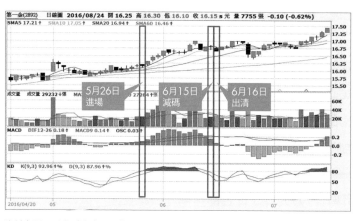

圖8　5月26日在第一金KD進入高檔鈍化前進場
——第一金（2892）股價、成交量、MACD、KD日線圖

資料來源：XQ全球贏家　　整理：麥克連

進場，漲幅已經有些大，且Ｋ棒已經「飆」在各條均線之上。

這一檔只有１次加碼的機會，６月８日雖然跳空大漲，看似乖離率很大了，但我會繼續持有，也不需要減碼，因為雖然看似跳空大漲，但實際上距離５日均線的乖離率也僅1.55%，還不會太高，大型金融股乖離率通常比較低，若大漲至乖離率2.5%以上，我就可能減碼了；此外ＫＤ仍在80之上，表示多頭仍持續。但隔１個交易日６月13日（期間為端午節連假），股價收16.7元，跌破５日線，我就會開始觀望，留意可能要出場了。

出場：這一檔股票我一共分２次出場，分別是：

出場１：６月15日減碼一半，原因：第１，技術指標MACD紅棒已經大降，不到這一波MACD紅棒最高的一半（６月８日是這波MACD最高）；第２，KD脫離80高檔區，代表股價開始轉弱。

出場２：６月16日全部出場，因為在這一天股價已跌破10日線，且KD已經離開80高檔區域。

藍色標記股4》華南金（2880）

　　這一檔我也會買進，原因是，5月25日收盤，已高過前面的整理區間，但我會買進的部位不會太大，主要是K值已在80之上，雖然D值還在80之下，但也即將進入了高檔區了。

　　進場與加碼：我會在5月26日進場，當日收16.05元，距離5日均線15.89元沒有很遠，乖離率僅1%（詳見圖9）。

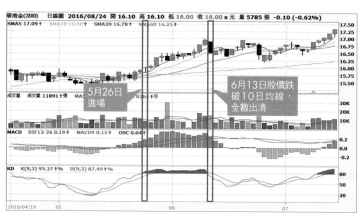

圖9　股價突破整理區間，5月26日買進華南金
——華南金（2880）股價、成交量、MACD、KD日線圖

資料來源：XQ全球贏家　　整理：麥克連

隔日 5 月 27 日一開盤，開盤價 16.05 元，離前一日收盤也還不太遠，還可加碼買進，但接近盤末就不要再加碼了，因為收盤價 16.35 元，離進場點距離大，且 MACD 紅棒較高、KD 的 K 值及 D 值同時進入 80 的高檔區，這也表示股價已有一番漲勢了。

出場：6 月 8 日跳空大漲，股價距離 5 日均線正乖離達 1.8%，跟上一檔第一金一樣，乖離率還未到 2.5% 以上，還可以持續抱著。一般股票我會等正乖離 5% 時減碼一半，但是大型股（尤其是金控股），他們的 5 日均線乖離率可降低標準，不用到 5% 以上才再行賣出。

但到了隔一個交易日（6 月 13 日），股價收在 16.53 元，跌破 10 日線，這時就要將持股全數賣出了。

藍色標記股5》華新（1605）

這一檔我一打開線圖，就會直接放棄跳過（詳見圖 10），不進場買，原因是 5 月 25 日股價已位於相對高點，而且 MACD 與 KD 指標也都已轉弱，勝率太低，因此不會進場買進。

圖10 5月25日華新股價已高，不宜進場
—— 華新（1605）股價、成交量、MACD、KD日線圖

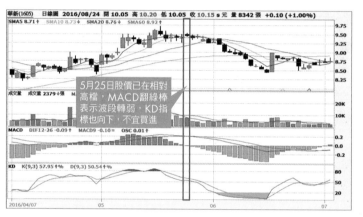

資料來源：XQ全球贏家　　整理：麥克連

藍色標記股6》鴻準（2354）

鴻準 5 月 25 日股價收在 72.9 元，均線多頭排列，股價也已過季線壓力，但對我來說，買進順序會往後延、不是第 1 優先選擇，原因是：第 1，股價在高檔區；第 2，波段的技術指標 MACD 雖然是紅棒，但其柱狀體已位於較高位置，且已經是第 7 根紅棒了，我預期接下來上漲空間不大（詳見圖 11）。

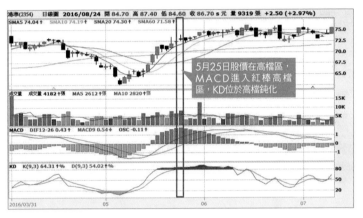

圖11 5月25日鴻準MACD、KD已高，漲幅有限
——鴻準（2354）股價、成交量、MACD、KD日線圖

資料來源：XQ全球贏家　　整理：麥克連

藍色標記股7》正新（2105）

我在 5 月 25 日看到正新出現在買賣超排行榜，檢視技術面 MACD 紅棒才剛出現幾根，KD 仍在高檔（詳見圖 12），如果隔天上漲，我用小筆資金進場試單。

但是，5 月 26 日一開盤就掉到 69 元，已經較前一天收盤價 69.1 元低，這種時候我就不會進場，如果不小心在 26 日

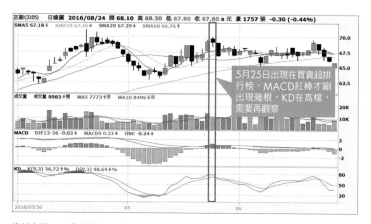

圖12 **5月25日正新KD已在高檔，需要再觀察**
——正新（2105）股價、成交量、MACD、KD日線圖

> 5月25日出現在買賣超排行榜，MACD紅棒才剛出現幾根，KD在高檔，需要再觀察

資料來源：XQ全球贏家　整理：麥克連

進場，多觀察２天之後，如果收盤價沒有高於進場點，就應該要賣掉出場。以這檔為例，如果26日開盤後不是往下掉，盤中有在前一天的收盤價之上，其實是不錯的進場點，不一定要等到接近盤末才進場。

藍色標記股8》彩晶（6116）

這一檔外資已經連續買超３天了，股價仍在均線糾結中，

並未有發動的跡象，到了 5 月 26 日時，開盤價低於前一天收盤、收盤價 3.49 元與前一天的收盤價 3.52 元相較，仍處於下跌的狀態，不會進場。不過 26 日盤後，彩晶是外資與投信同買（紅色）、投信連續買（藍色），所以還是會持續關注。

進場與加碼：5 月 27 日，彩晶一開盤就往上拉，就是個進場的好機會，而在下午 1 點左右就可以知道它的成交量高

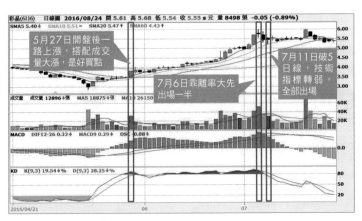

圖13 5月27日彩晶價漲量增，是進場好機會
──彩晶（6116）股價、成交量、MACD、KD日線圖

資料來源：XQ全球贏家　　整理：麥克連

於 5 日及 10 日均量，是價漲量增的發動點（詳見圖 13）。5 月 30 日可以加碼，但 5 月 31 日的收盤是個小黑 K 棒，且 KD 指標有下跌到 80 之下，所以不會加碼而採觀望的態度。

出場：7 月 6 日盤中股價高點 6 元，離 5 日均線乖離率達到近 10%，收盤 5.75 元的乖離率也到了 8.04%，先出場一半。7 月 11 日，股價跌破 5 日均線，MACD 紅棒縮減、KD 向下，可以全部賣出。這裡補充一下，彩晶及宏達電基本面其實是不佳的，但由於有法人進場，加上技術面轉佳，還是可以短進短出。

藍色標記股9》華亞科（3474）

這檔股票當時即將被美光用 30 元收購，所以股價一直是呈現一直線、不動的局面（詳見圖 14），這種股票的天花板已經被標誌出來（30 元），幾乎沒有上漲空間，所以是不用考慮的。

藍色標記股10》佳世達（2352）

這一檔是個不錯的買進標的，原因是：第 1，5 月 25 日股價落在各條短期均線之上，剛過整理區（詳見圖 15）；第 2，

股價距離盤整區間還沒有漲太高；第 3，MACD 剛轉成紅棒第 3 根；第 4，KD 指標的 K 值雖已高於 80，但離 5 日均線的乖離沒有太大（收盤是 1.65%）。

　　進場與加碼：5 月 26 日開盤價超過前 1 日 5 月 25 日的收盤價，可以買進，可惜收盤時與前 1 日的收盤價相同，收平盤。5 月 27 日、30 日，都是個可以加碼的時機，除了股價

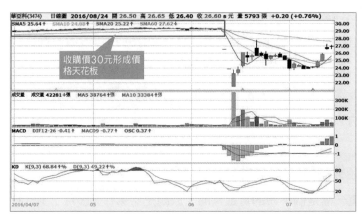

圖14 華亞科出現股價天花板，已無上漲空間
──華亞科（3474）股價、成交量、MACD、KD日線圖

收購價30元形成價格天花板

資料來源：XQ全球贏家　　整理：麥克連

還沒大漲，還在均線附近，而技術指標的 KD，只有 K 值高於 80，D 值仍未漲超 80 之上。

出場：6 月 17 日會先賣出一半，原因是那天的高點價距離 5 日均線乖離率有到 7% 以上。6 月 24 日要把剩下的持股賣出，這天跌破了 5 日、10 日均線，也出現一根長黑 K，KD 也死亡交叉向下，是個賣出的時機。

圖15 5月25日佳世達股價尚未太高，隔日可進場
——佳世達（2352）股價、成交量、MACD、KD日線圖

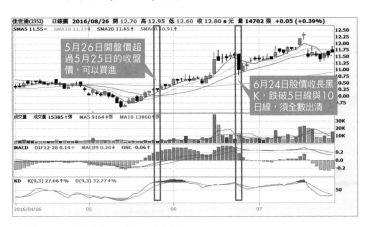

資料來源：XQ全球贏家　　整理：麥克連

投信買超前10名中，有4檔連續買超個股

上市股票一般我都會優先看外資的買賣超排行榜，比較沒有股票可以挑的時候，才會看投信買賣超排行榜中的連續買超標的；不過，這裡為了讓讀者更了解我的想法，我還是逐一帶大家看過一遍投信買超前 10 名中的連買標的，共有 4 檔。

投信連買股1》日月光（2311）

5 月 25 日這一檔是投信連續買超，標了藍色，但也同時標了綠色，代表外資與投信當天買賣不同步，投信買超 4,252 張，外資賣超 5,064 張，相差不多，不過，其實在 5 月 24 日時，投信就已經連買 2 天，外資也由賣轉買，其實已經進入選股名單，25 日早盤我就會進場。

進場：5 月 25 日從線圖看來，股價剛起漲，均線呈現多頭，開盤高於 24 日收盤價之上，MACD 的紅棒也才剛上升（詳見圖 16）。25 日收盤 33.05 元在均線之上，但距離 5 日均線乖離率不至於過高，所以續抱。

5 月 26 日，日月光跟矽品（2325）合併的重大訊息要公

布而停止交易，無法加碼。5 月 27 日，跳空漲停，也無法加碼。

　出場：5 月 30 日開盤 37.3 元，最高 37.35 元，距離 5 日乖離率 8%，距離太大，先出場一半。6 月 8 日全部出場，因為：第 1，技術指標 MACD 紅棒長度已在最高紅棒長度之下；第 2，KD 指標的 K 值 77.43 已低於 80，而且開始往下

圖16 日月光5月25日均線呈多頭，是適合進場點
——日月光（2311）股價、成交量、MACD、KD日線圖

資料來源：XQ全球贏家　　整理：麥克連

走;第3,股價跌破10日線。而在最慢6月13日,就一定要全賣出。

投信連買股2》景碩(3189)

景碩這一檔也是同時標記藍色與綠色,這種時候我都會再檢查一下外資與投信的買賣超幅度,外資賣超1,461張,投信買超1,496張,其實是差不多的,籌碼面算是中性,不好也

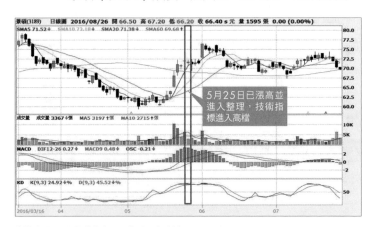

圖17 5月25日景碩股價漲高,KD指標也進入高檔
──景碩(3189)股價、成交量、MACD、KD日線圖

5月25日已漲高並進入整理,技術指標進入高檔

資料來源:XQ全球贏家　整理:麥克連

不壞。但我不會買進，原因是景碩已經漲高並進入整理區，其實，這種時候，不用看也知道 MACD 與 KD 一定也進入高檔區了（詳見圖 17），不過，還好是上漲後的第 1 整理平台，當第 1 個整理平台結束後，往往會再上漲一波，所以我可能會再觀望看看。

投信連買股3》明泰（3380）

這一檔我不會進場，因為 5 月 25 日看到的時候，已經漲了一小段了，離最好的進場時間已太遠，我不會追買。

其實，這一檔如果在 5 月 19 日就看到，當日外資、投信都同時買進，而且外資已經連續買 2 天，在我的標記上是又紅又藍，20 日股價剛突破均線，是不錯的買點（詳見圖18）。

投信連買股4》卜蜂（1215）

其實這一檔在 2016 年年初已漲過一波，5 月 10 日 3 大法人同買，後來進入長時間盤整；5 月 24 日進入選股名單中，實際上我是 25 日股價剛突破均線就會進場，但若 25 日盤後才看到這一檔，26 日剛開盤也還可以進場，或加碼。

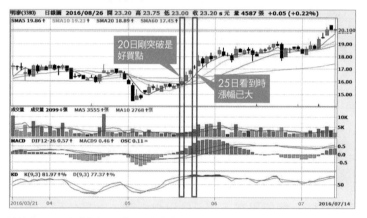

圖18 明泰的最適合買點在5月20日
——明泰（3380）股價、成交量、MACD、KD日線圖

資料來源：XQ全球贏家　　整理：麥克連

　　進場與加碼：5月25日開盤就是不錯進場點。5月26日開盤也可以進場加碼，因為才剛上漲，距離起漲點不遠（詳見圖19）。

　　出場：6月13日收31.85元，低於10日均線我會全部出場。這檔股票沒有辦法分批出場，主要是因為它沒有上漲過高的情形。就如同前面說的，由於前面有個長期整理平台，會

圖19 卜蜂5月25日股價突破均線糾結，即可進場
—— 卜蜂（1215）股價、成交量、MACD、KD日線圖

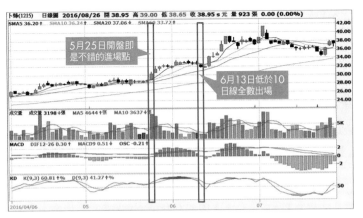

資料來源：XQ全球贏家　　整理：麥克連

有第 2 波上漲，6 月 15 日會是個還不錯的第 2 次進場點。

3-6 實戰選股上櫃篇 盤點外資投信同買標的

　　這一章我要談怎麼從 2 大法人買賣超排行榜選上櫃股票，一樣以 2016 年 5 月 25 日為例，圖 1 是這一天的上櫃公司法人買賣超排行榜，我挑股的 3 個順序如下：

　　第 1，優先看紅色（外資與投信同買的股票），共有 8 檔。

　　第 2，我會聚焦看投信買賣超排行中的藍色標記（投信連買），因為櫃買中心的股票規模一般比較小，而外資的研究人力資源有限，通常會優先研究好進出的大型股，不太會研究中小型股，但投信法人卻很擅長在中小型類股挖潛力股，所以在上櫃股票部分，我會以投信買超為主，5 月 25 日這一天，共有 14 檔投信連續買超的標的。

　　第 3，如果資金還夠或覺得股票太少，就再看外資買賣超排

圖1 觀察上櫃股法人買賣超，應較著重投信動向

上櫃公司投信買賣超排行紀錄表（2016.05.25）

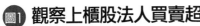

投信買超						投信賣超					
股號	股名	張數	股號	股名	張數	股號	股名	張數	股號	股名	張數
4129	聯合	574	6223	旺矽	78	5425	台半	-449	3552	同致	-23
8050	廣積	266	8437	F-大地	48	5349	先豐	-299	3081	聯亞	-20
6187	萬潤	230	9951	皇田	46	3105	穩懋	-271	6510	精測	-19
4147	中裕	219	4107	邦特	31	6279	胡連	-133	4739	康普	-15
3141	晶宏	200	8436	大江	27	3491	昇達科	-129	5903	全家	-14
6238	勝麗	155	6245	立端	25	6488	環球晶	-112	4736	泰博	-10
4126	太醫	145	4966	F-譜瑞	20	6104	創惟	-100	8432	東生華	-10
4947	F-昂寶	133	5347	世界	20	3479	安勤	-95	8444	F-綠河	-10
2233	宇隆	130	5490	同亨	20	5245	智晶	-93	3289	宜特	-9
3152	璟德	129	8255	朋程	20	3558	神準	-87	8349	恒耀	-5
8042	金山電	114	5274	信錦	19	8299	群聯	-63	5312	寶島科	-4
6147	頎邦	113	8433	弘帆	17	3293	鈊象	-56	3163	波若威	-3
4105	東洋	86	8450	霹靂	15	4971	F-IET	-45			
6274	台燿	83	4174	浩鼎	8	4745	F-合富	-30			
5289	宜鼎	80	1264	德麥	5	5015	華祺	-30			

上櫃公司外資買賣超排行紀錄表（2016.05.25）

外資買超						外資賣超					
股號	股名	張數	股號	股名	張數	股號	股名	張數	股號	股名	張數
5347	世界	1965	3552	同致	207	6244	茂迪	-2765	8086	宏捷科	-153
6187	萬潤	1269	5371	中光電	188	6147	頎邦	-2205	5009	榮剛	-149
3141	晶宏	1157	4129	聯合	156	3707	漢磊	-518	3526	凡甲	-140
6274	台燿	635	3227	原相	119	3360	尚立	-510	4721	美琪瑪	-137
4147	中裕	617	5512	力麒	102	6238	勝麗	-424	3289	宜特	-128
8069	元太	613	4128	中天	99	8299	群聯	-419	8076	伍豐	-125
3105	穩懋	579	5483	中美晶	98	3558	神準	-414	6506	雙邦	-124
3508	位速	513	8054	安國	95	5425	台半	-273	8049	晶采	-120
5488	松普	468	8044	網家	93	6173	信昌電	-249	6143	振曜	-109
4991	F-環宇	422	2928	F-紅馬	84	5349	先豐	-238	8936	國統	-107
3081	聯亞	421	3452	益通	82	4739	康普	-232	6121	新普	-106
4126	太醫	349	1815	富喬	75	3264	欣銓	-213	8431	匯鑽科	-106
3078	僑威	307	6188	廣明	75	4105	東洋	-211	6182	合晶	-100
7E+05	統一Q3	300	5013	強新	70	4534	慶騰	-166	6217	中探針	-98
5351	鈺創	259	3202	樺晟	68	3374	精材	-154	5903	全家	-97
			6223	旺矽	65						

註：旺矽為外資買超31名　資料來源：櫃買中心　整理：麥克連

行的前 10 名。

上櫃股票常見生面孔，必須檢核基本面條件

因為前面的上市篇已經講過不少檔股票要如何找進出點了（詳見 3-5），這裡的上櫃篇我會略微簡短一點。上櫃公司的查看和篩選方法跟上市都是一樣的，但上櫃公司一般來說規模較小，篩選條件也比較鬆，為了減少踩到地雷股，有些我比較不熟悉的公司，我會再檢查基本面，比較放心。

我前一本書有提到我的選股 3 步驟是：先看籌碼→基本面檢查→技術面進出，但在上市實戰部分，為何我大多數都只看籌碼就跳到技術面了？這是因為我對這些股票操作久了，很熟悉了，知道這些公司營運的內容，也長期觀察經營者的誠信，知道他們是不是地雷股。絕對不是因為基本面不重要，基本面對我來說，是買股票的「底」，當然很重要，不過當你操作久了，也會跟我一樣了然於胸。

但是櫃買中心的股票，比較容易會出現陌生的新股，我就會多一個步驟去檢查基本面。我確認基本面的條件有 3 個，第 1、

第 2 個條件主要是希望避開地雷股，第 3 個條件看營收，則是因為營收動能增加，對股價推動有加分效果：

基本面條件1》過去5年的每股稅後純益最好為正

　　雖然我操作的是短期波段行情，但是我也不希望選到有可能暴跌的地雷股，所以我的標準很寬鬆，過去 5 年最好都沒有虧損，也就是過去 5 年的每股稅後純益最好為正。

基本面條件2》過去5年都有發放股利

　　過去 5 年都有發放股利，且最好是發放現金股利，現金股利「相對」較難「長期」的造假。但這些都只是大原則而已，像是太陽能類股若看上述 2 項，很多都沒有合格，若我真的判斷籌碼與技術不錯，也是會進場買進，只是我內心就會有風險意識，知道不宜投入過多的資金。

基本面條件3》營收成長

　　營收是基本面指標中，最短期、最快速的財務數字，營收數據當然也可以做假，所以，我們應該要多方確認，一有技術面賣出訊號出現，就要停損或停利。營收是不是成長，我是這樣評估的：

①每個月營收的年成長率（與去年同期相比）至少要為正。

②營收年成長率愈高愈好，表示短線成長動力高。

③搭配營收的月成長率（與上個月相比），若是持續成長，甚至是不斷地創新高，代表這檔股票很可能正處於高成長期，對股價有利。但月營收往往會受到產業淡旺季影響，在連續成長後，偶爾 1、2 個月的月營收月成長率為負，也很正常。

外資、投信同步買超個股共有8檔

先從標記為紅色的股票開始看，也就是外資、投信同步買超的標的，一共有 8 檔：

紅色標記股1》聯合（4129）

其實，這檔前面幾天已經連續多天出現在榜上，而且是被我用紅色標記，5 月 12 日外資連續買，5 月 13 日外資、投信一起買，5 月 16 日還在選股名單，但股價仍在 5 日、10 日、20 日均線之下，技術面還未轉佳。

進場與加碼：5 月 17 日股價開盤即站上各條均線，開盤後都是買點。5 月 18 日股價持續上漲，收盤前可加碼。5 月

20 日是最一次加碼的機會（詳見圖 2）。

出場：6 月 23 日股價雖然開高走高，但距離 5 日均線乖離率還不算太大，僅 3.61%，不需出場。6 月 24 日，股價同時跌破 5 日線與 10 日線，應該出場；但由於這種整理很久才剛上漲的，之後通常還會再上漲一波，因此在 6 月 24 日可斟酌是否要出一半或是全出。

圖2 5月17日聯合股價站上均線，是合適買點
——聯合（4129）股價、成交量、MACD、KD日線圖

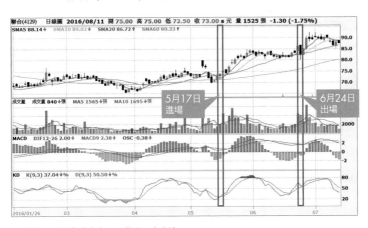

資料來源：XQ全球贏家　整理：麥克連

①若隔天開黑 K 下跌，就要全部出清，②若隔 2 天都沒有跌破整理平台，就還會有一波上漲。以聯合來說，即是後者。

紅色標記股2》萬潤（6187）

雖然這檔外資與投信同買，但並非我的優選，理由有 3：第 1，5 月 25 日股價距 5 日均線乖離率 8% 已過大；第 2，5 月 26 日開盤時價格已太高；第 3，KD 已落在高檔區（詳見圖 3）。

圖3 5月25日萬潤股價已漲高，不宜介入
──萬潤（6187）股價、成交量、MACD、KD日線圖

資料來源：XQ全球贏家　整理：麥克連

紅色標記股3》中裕（4147）

　　這一檔我也不會選擇，除了因為新藥股的基本面檢核，很難從營收、獲利檢查，我一般不會選擇，且從技術面來看也不適合，原因有 2 點：第 1，此檔股票在 5 月初就已落入名單中，此時已不算初入名單，介入時機已晚；第 2，中裕在 5 月 25 日之前已漲過一波，股價已處於高點，因此不宜在此時進場（詳見圖 4）。

圖4 5月25日中裕股價已漲高，不宜介入
——中裕（4147）股價、成交量、MACD、KD日線圖

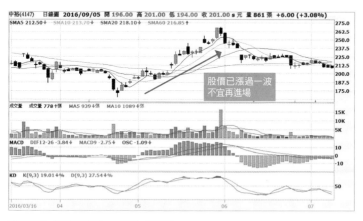

資料來源：XQ全球贏家　　整理：麥克連

紅色標記股4》晶宏（3141）

　　這檔的買進選擇會放在後面，一來因為股價已經先漲了一波（從 5 月 17 日到 5 月 25 日），且 5 月 25 日高點距離 5 日均線的乖離率也在 6% 以上。二來，5 月 26 日雖然一開盤的股價是上漲的，但很快就跌破平盤且收一個黑 K，這很有可能表示第 1 波的上漲結束，開始進入整理平台。當然，它之後還是有個進場點，說明如下：

圖5 6月2日晶宏再度出現合適買點
——晶宏（3141）股價、成交量、MACD、KD日線圖

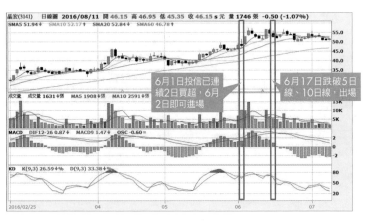

資料來源：XQ全球贏家　　整理：麥克連

　　進場：6 月 1 日盤後觀察投信已經連續 2 日買超，6 月 2 日就可進場（詳見圖 5），加上盤後看到投信及外資同時買進，6 月 3 日就可以作為加碼點，果然在 6 月 3 日一開盤即跳空上漲，並持續上拉，這時就可以進行加碼。

　　出場：6 月 4 日股價距離 5 日均線乖離率 11.46%，可先出場一半。6 月 16 日，股價同時跌破 5 日均線、10 日均線，全部出場。

紅色標記股5》太醫（4126）

　　進場：太醫早在 5 月 4 日就因為投信連續買超，而已進入觀察名單內，不過當時股價陷於盤整區間。5 月 11 日，股價突破區間盤整，是不錯的進場點（詳見圖 6）。

　　出場：5 月 19 到 23 日期間，股價有小跌破 5 日均線，並出現一個小型的整理平台，比較保守的人可以在這裡先行賣出一半，不過之前說過在糾結後的第 1 個整理平台之後，只要盤仍在多方格局，往往會有第 2 波漲勢，所以能承擔風險的人可以繼續持有。持續持有或仍留有一半部位的人，在 6 月 1 日，破 5 日線就可以獲利了結出場。

5月11日太醫股價突破盤整區間
—— 太醫（4126）股價、成交量、MACD、KD日線圖

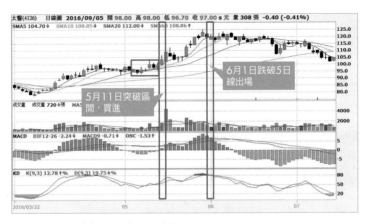

資料來源：XQ全球贏家　　整理：麥克連

紅色標記股6》台燿（6274）

這一檔在 5 月 25 日雖然剛突破前面的整理區間不久，但是 5 月 25 日股價大漲，收盤價距離 5 日均線的乖離率已不小，達到 6.18%。

雖然 5 月 26 日開盤我會選擇買進，但是投入資金部位不會太大，因為股價已處於相對高點，而且 MACD 紅棒已高（詳

5月25日台燿股價離5日均線乖離率已逾6%
——台燿（6274）股價、成交量、MACD、KD日線圖

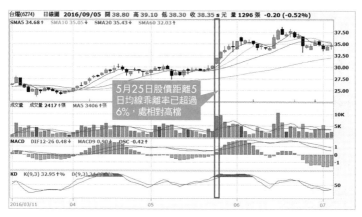

5月25日股價距離5日均線乖離率已超過6%，處相對高檔

資料來源：XQ全球贏家　整理：麥克連

見圖7）。

紅色標記股7》旺矽（6223）

　　5月25日收盤價離5日均線乖離率超過8.3%，漲幅已經太高，我不會買（詳見圖8）。乖離率過高的股價，經常會是短波段的高點，尤其是法人著墨的股票，他們不像主力的炒作，要一直拉高來吸引散戶的進場以利出脫，法人比較不會有

圖8 5月25日旺矽股價離5日均線乖離率已逾8%
——旺矽（6223）股價、成交量、MACD、KD日線圖

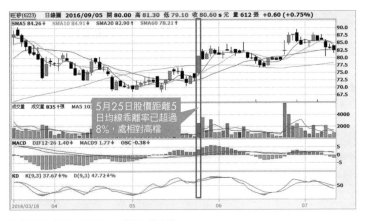

資料來源：XQ全球贏家　　整理：麥克連

一直拉高股價的買法，他們會有基本面，以及本益比合理性的考量，除非是業績非常好，且本益比還低的股票，才會不顧股價持續高檔買進。

紅色標記股8》世界（5347）

　　這一檔我已關注一陣子，外資 2016 年來一路買超，但是股價沒有突破整盤區間，所以一直沒有買，所以這次雖然又再

世界雖受法人青睞，但股價遲未發動上拉
——世界（5347）股價、成交量、MACD、KD日線圖

資料來源：XQ全球贏家　　整理：麥克連

度出現在名單上，但我也不會買。

　　我們觀看法人的籌碼，就是要幫助我找到好的股票，但進入選股池後，就要靠技術面來找切入點，以世界這檔股票來說，雖然外資一直持續買進，也一直進入我的選股名單中，只是因為它的股本太大，外資顯然需要鋪陳（買進）一陣子，將籌碼收一收，到了一個特定的時間點，如營收、財報公布日，或是

法説前,再來發動上拉,而那時才是我們的買進切入點,這樣也不會太浪費時間在等待,可將資金發揮效率。

　從上市到上櫃,我已介紹了很多檔符合買進條件的股票,我就不再一一往下解釋了。原則上,法人,尤其是投信買進的上櫃股票,他們都有一定的基本面,例如台燿,自 2016 年第 2 季開始合併累計營收年增率開始轉正,且每年都有配發現金股利,一旦在業績上有了轉機,就容易受到法人的青睞。再如世界、萬潤,也都有相同的情況,都是業績出現轉機,獲利大躍升等,買進這種具基本面的股票,較有保障。

▶▶ Chapter 4

期貨篇》
拉高槓桿加速獲利

4-1 用台股期貨交易「大盤」 趨勢價差獲利入袋

　　掌握大盤趨勢變化後，除了可以依據大盤多空，決定買進或放空個股，還可以透過期貨這個工具來交易「大盤」。「台灣加權股價指數」就是大盤，而「台灣加權股價指數期貨」，就是以大盤為交易標的的期貨商品，簡稱「台股期貨」或「台指期」。

成本低、槓桿高，獲利與虧損都容易放大

　　期貨市場有些術語我們先熟悉一下，在台灣的股票市場裡，最常聽到的是 1 張，也就是 1,000 股的股票，而在期貨交易中，買賣通常是以 1 口為單位。

　　如果看好股票認為會上漲，以現貨來說，我們通常就是「買進股票」；若看空股票認為會下跌，就是「融券放空」（詳見

註 1），等到股價下跌之後再將融券回補。而期貨交易則是看多就買進，看空就賣出，所以不會像股票一樣，可能面臨沒有券可以空的窘況。

不管是新買進或是新賣出期貨合約，期貨上的術語就叫「建倉」，當獲利了結要出場了，不管是買進後賣出（看多獲利了結），或是賣出後買進（看空獲利了結），都叫「平倉」，更多的期貨常用術語請見本文末介紹（詳見第 242 頁）。

當你對大盤的多空愈來愈有感覺，就可以透過台指期操作大盤，進而賺取獲利。雖然期貨的買賣方式很簡單，比起股票成本更低、槓桿更高、限制也更少，但其保證金制度與每月結算的特色，讓虧損也很容易放大，因此，操作要更加小心。下面我分 5 大部分，簡單介紹一下台股期貨這個工具：

1.交易時間：上午8點45分～下午1點45分

台指期的交易時間比股票市場早 15 分鐘開盤，也比股票市

註 1：融券放空

融券是指借股票來賣，達到「先賣後買」，賺取下跌價差，投資人必須開立信用交易戶才能使用。

場晚 15 分鐘收盤。當早上 8 點 45 分台指期開盤，我就會關注台指期行情的變化，特別是在大行情的日子，台指期會預告台股開盤的走勢。

2.保證金制度：戶頭金額不可低於維持保證金

期貨交易就是只需要拿出小部分的資金即可操作，1 口台指期價值跟加權指數有關，1 點價值 200 元，假設加權指數是 9,000 點，1 口台指期的價值就是 180 萬元（9,000 點 ×200 元）。但是投資人想買 1 口台指期時，不需一次繳交 180 萬元，只需繳交一定數量的「原始保證金」。

目前（2016 年 9 月）1 口台指期的原始保證金是 8 萬 3,000 元，維持保證金是 6 萬 4,000 元。如果不幸虧損，使得「原始保證金」低於「維持保證金」時，要把保證金補到原始保證金，才可以繼續交易，否則券商就會自動幫你平倉賣掉。

我舉個例，假設小明預期大盤即將上漲，拿出 8 萬 3,000 元的原始保證金，買進 1 口台指期，若隔日大盤上漲 100 點，則小明獲利 100 點 ×200 元＝ 2 萬元。

假如大盤下跌 150 點，小連虧損 150 點 ×200 元＝ 3 萬元，保證金戶頭已經剩下 5 萬 3,000 元，已經跌破維持保證金 6 萬 4,000 元的最低限制，此時期貨商會要求小連，需要補足金額至原始保證金 8 萬 3,000 元，也就是小連還需要再拿出 3 萬元的保證金。

所以交易期貨之前，必須先開立期貨交易帳戶，並先在帳戶內存足保證金，才可以交易。而除了台指期外，還有小型的台指期，俗稱「小台」（台指期則俗稱「大台」），規格是大台的 1/4，保證金以及 1 點的單位價值，都是大台的 1/4（詳見表 1）。

3.交易成本：稅費比交易股票低廉

股票的交易手續費是成交金額的 0.1425%，買賣皆收，多數券商有提供折扣，一般網路下單都有 5 折優惠。而交易台指期，手續費是以 1 口計算，每 1 口的手續費約為 70 元至 150 元，小台則約在 35 元至 80 元，買賣皆收，大戶可以談到更好的折扣。

在交易稅部分，股票交易稅為成交金額的千分之 3，但只在

賣出時支付,總交易稅為 0.03%。期貨的交易稅則只需要總金額的萬分之 2,買賣各付一次,加總交易稅是 0.004%,較股票低廉許多。

4.結算機制:每月第3個週三結算

股票跟期貨的最大差異就是每個月都有結算日,每個月的第 3 個星期三,是期貨與選擇權的結算日。到了結算日,期貨的收盤時間會提早到下午 1 點 30 分,跟現貨一起收盤,收盤之後,交易的就是下個月的期貨合約。

表1 小台的規模、保證金皆為大台的1/4
——台股期貨、小型台股期貨比較

項目	台股期貨	小型台股期貨
市場俗稱	台指期、大台	小台
交易標的	台灣加權指數	台灣加權指數
英文代碼	TX	MTX
原始保證金	8萬3,000元	2萬750元
維持保證金	6萬4,000元	1萬6,000元
單位價值	1點200元	1點50元

註:資料日期2016.09;最新保證金制度請以台灣期貨交易所資料為準
資料來源:期交所　整理:麥克連

結算日若是遇到颱風或臨時休假，則會延後 1 日結算。期交所每一年都會提前公布當年的結算日期，可至期交所網站查詢（www.taifex.com.tw/chinese/4/Calendar.asp）。

5.交易合約：包括近月、遠月、季度共有5個合約

台指期依照結算日不同共有 5 個合約：①當月的台指期合約，又稱為「近月合約」；②下個月的台指期合約，又稱「遠月合約」。除了這兩個合約之外，還有 3 個季度合約。以 2016 年 10 月 3 日為例，此時的台指期合約共有 5 個（詳見圖1），分別是：

圖1 每月的台股期貨依到期日不同有5個合約
——2016.10期貨合約

商品	成交	買進	賣出	漲跌
>>台股指數10	9194s	9193	9194	▲64
台股指數11	9166s	9164	9166	▲65
台股指數12	9133s	9132	9135	▲60
台股指數03	9070s	9071	9074	▲57
台股指數06	9015s	9014	9018	▲56

所有期貨　近二月指數期　近二月股票期

資料來源：XQ全球贏家　整理：麥克連

①台指10：台指期的近月合約（10月合約），也就是目前交投最熱絡的合約。

②台指11：台指期的遠月合約（11月合約），通常是5個合約中交投次熱絡的合約。

③台指12：第1個季度合約（12月合約）。

④台指03：第2個季度合約（2017年3月合約）。

⑤台指06：第3個季度合約（2017年6月合約）。

新手教學》期貨術語一覽

1. **現貨**：相對於「期貨」，股票被稱為「現貨」，例如，台指期的現貨就是指加權指數，也就是大盤。

2. **建倉**：新買進1口台指期，或是新賣出1口台指期，就稱為「建倉」。

3. **平倉**：把原來買進的台指期賣掉，或是把賣出的台指期買進，反向將期貨合約平掉，即為「平倉」。

4. **轉倉**：因為期貨每個月都有結算日，到了結算日，期交所就會用結算價把期貨合約結算成現金給投資人，若投資人不想結算，就可以把當月要結算的倉位賣掉，再買進下個月的期貨合約繼續持有，即為「轉倉」。

5. **部位**：期貨與選擇權常用的名詞，專指還留在市場上沒有結

清的契約，不管是買進（做多）或是賣出（放空）的
期貨合約，都算部位。

6. **市價單**：期貨在下單時，有「限價」與「市價」兩種。以市
場價格成交，稱為「市價單」，是成交順位最優先
的單子。期貨單採價格優先、時間優先的成交順序，
所以市價單是以當時市場掛出的單子最好的價格成
交。

7. **限價單**：投資人可以下單限定特定的價格才成交，即稱為「限
價單」，只有在比客戶限定價位要好或是相同價位
才成交的單子。

8. **滑價**：買賣的成交價格與掛單的價格不同，稱為「滑價」，
最容易出現在瞬間大漲或大跌的時候。

9. **未平倉**：期貨市場很大的特色是，可以無限創造部位，不像
股票市場有籌碼的限制。投資人建倉後，沒有平倉
的合約，都被稱為是「未平倉」量。

10. **交割**：投資人持有期貨部位，到結算日沒有平倉掉，期交所
就會在當日用結算價結算，將期貨換成錢給你，即為
「交割」。

11. **正價差**：期貨價格高於現貨。

12. **逆價差**：期貨價格低於現貨。

配合籌碼、技術面
完整賺到大波段行情

　　當你學會用籌碼以及技術面判斷大盤的趨勢，其實就可以用台指期這個工具，賺取大盤波段上漲或下跌的獲利。如何判斷趨勢是多還是空？技術面會最先反映。我主要是看股價與均線的位置，再輔以 MACD 與 KD 兩個指標判斷多空。

　　盤後，我就會用大盤籌碼面，進一步確認技術面指標的轉多或是轉空趨勢是否真的會形成，在第 2 篇我有詳細地介紹我天天記錄並觀察的 8 個指標數據，如果 8 個指標都偏多，當然毫不猶豫進場做多；若 8 大指標有多、有空，那麼大盤很可能處於盤整，就不適合波段留倉操作。

　　其實，大盤大多數時間都處於盤整，一年出現較大波段趨勢約只有 2～3 次（詳見圖 1），以及數次小波段行情，若每天都在做功課，你會很明顯感受到波段趨勢形成，此時不妨好

好把握機會，放大膽增加一些期貨部位，可以加速獲利。

第1筆資金少量試單，成功後再分2次加碼

我的期貨波段單通常會分 3 批資金進場，第 1 筆進場試單，後面若股價與籌碼都證明趨勢正確，股價又沒有漲太多，則會再加碼 2 次。出場則分 1 批或 2 批出場，當做多時，股價跳

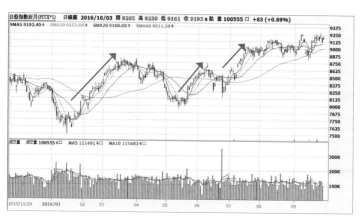

圖1 **大盤1年約只會出現2～3次較大波段行情**
──台股期貨近月合約價格、成交量日線圖

資料來源：XQ全球贏家　整理：麥克連

高且距離 5 日均線正乖離過大，這種時候我會先獲利出場一半，但若是下跌跌破 5 日均線，就會全數出場。

以下以做多為例，說明我的期貨波段單進場步驟：

步驟 1：技術面轉多，第 1 筆資金進場試單。

步驟 2：盤後確認籌碼是否轉強。

步驟 3：若籌碼同時轉多，隔天搭配股價走勢，若是小漲或平盤，證明做多的方向是對的，此時會加碼第 1 次；但若股價下跌就不動作（我的原則是在接近收盤時進場，若積極者可在開盤時候進場加碼）。

步驟 4：盤後繼續確認籌碼是否轉強。

步驟 5：若籌碼繼續轉多，隔天若股價小漲或平盤就第 2 次加碼，也是最後一次加碼。

步驟 6：若期間籌碼轉空，隔天則觀望，即使股價小漲或平盤也不加碼。

以下以做多為例，說明我的出場步驟：

步驟 1：股價離 5 日均線正乖離過大，約 2%，先獲利了結

一半。

步驟 2：股價若跌破 5 日均線，則全數出場。

做多實戰範例》**2016年5月23日～6月13日**

什麼時候可以做期貨的趨勢單？怎麼進場、怎麼加碼？以下我用實際波段做多的案例來說明，幫助讀者進一步理解。

第1次進場：5月23日》技術面、籌碼面同步轉多

2016 年 5 月 23 日，台指期在開盤後不久就開始上漲，一根紅 K 棒突破多條均線，成交量也明顯放大，MACD、KD 翻多，技術面轉為多頭，有機會形成向上趨勢，因此在這一天投入第 1 筆資金進場試單。

盤後，我們要確認籌碼是否跟著走多。在 2016 年 5 月 20 日前，也就是 4 月 28 日至 5 月 19 日這段期間，外資期貨未平倉口數與上一結算日相比（有關未平倉口數的觀察方法，詳見 2-4），減少的口數約在 1,280 口到 1 萬 8,061 口之間，但 5 月 20 日，未平倉口數與上一個結算日相比的數值已轉成正的 5,602 口，到了 5 月 23 日更增加到 6,356 口（詳

見表 1），所以籌碼跟技術面同時偏多，就可確定 5 月 23 日
這天結束了長達 16 個交易日的跌勢，開始一段上漲行情。

不過，5 月 24 日是收跌的，不符合加碼原則，所以我當天
不會加碼，盤後，籌碼的確小幅轉空。

第1次加碼：5月25日》籌碼偏多加碼

5 月 25 日股價上漲，雖然 24 日盤後籌碼小幅轉空，但由
於 5 月 20 與 23 日的多單口數較多，24 日只有小幅調節，
所以 25 日上漲，我仍然會再進場加碼第 1 次，果然 25 日盤
後證實多單再度回補。

第2次加碼：5月26日》股價平盤加碼

5 月 26 日股價收盤只較前一天小跌 1 點，等於是平盤，我
會再進場加碼第 2 次。

波段上漲之後，在遇到前波起跌點，或是重要均線時，往往
會有一個整理平台，如果這段期間，籌碼還是多的話，我的
多單就會繼續留倉等候更大的獲利，期間如果遇到乖離過高，
我就會先獲利了結一半，如果乖離率沒有太大，也沒有跌破 5

表1 **2016年5月20日外資期貨籌碼轉為偏多**
——外資期貨未平倉淨額、與結算日比

日期	外資大小台未平倉淨額（口數）	與上一結算日相比（口數）	日期	外資大小台未平倉淨額（口數）	與上一結算日相比（口數）
04.27	56,412	15,358	05.19	29,159	-3,090
04.28	39,775	-1,280	**05.20**	**37,850**	**5,602**
04.29	37,288	-3,766	**05.23**	**38,604**	**6,356**
05.03	34,333	-6,721	05.24	31,132	-1,116
05.04	31,774	-9,280	05.25	35,895	3,647
05.05	24,888	-16,166	05.26	36,817	4,569
05.06	27,024	-14,031	05.27	40,838	8,590
05.09	28,480	-12,574	05.30	39,580	7,332
05.10	27,623	-13,431	05.31	39,954	7,706
05.11	22,993	-18,061	06.01	46,883	14,635
05.12	24,700	-16,354	06.02	48,192	15,944
05.13	28,983	-12,071	06.03	47,713	15,465
05.16	32,335	-8,719	06.04	48,614	16,366
05.17	29,750	-11,304	06.06	49,714	17,466
05.18	**32,248**	**結算日**	06.07	54,956	22,708
整理：麥克連			06.08	55,233	22,985

由負轉正

$$\frac{(8742 - 8586.4)}{8586.4} = 0.018$$

日均線，就不用出場。

第1次出場：6月8日》正乖離1.8%，出場一半

2016 年 6 月 8 日，期貨近月合約高點 8,742 點，離 5 日線 8,586.4 點正乖離 1.8%，接近 2%，我會先出場一半。

第2次出場：6月13日》技術面轉空，全數出場

2016 年 6 月 13 日，我看到技術面轉空，我會在這一天全數出場：

①股價跌破 5 日線、10 日線。

②KD 離開了高檔盤整區。

③MACD 紅棒已是這波上漲最高一根 MACD 紅棒的 1/2。

④KD 指標轉空。

結算》獲利29萬8,800元，報酬率60%

若從 5 月 23 日的收盤點 8,343 點到 6 月 8 日的收盤點 8,713 點，總共上漲 370 點，若只算 5 月 23 日第 1 次進場做多的 1 口，就已經獲利 7 萬 4,000 元。若詳細計算加碼與兩批平倉，獲利結算如下：

　　第 1 次進場，買進 2 口，5 月 23 日收盤：8,343 點

　　第 1 次加碼，買進 2 口，5 月 25 日收盤：8,384 點

　　第 2 次加碼，買進 2 口，5 月 26 日收盤：8,383 點

　　第 1 次平倉，賣出 3 口，6 月 8 日收盤：8,713 點

　　第 2 次平倉，賣出 3 口，6 月 13 日收盤：8,525 點

　　這一次期貨做多的波段單，合計獲利 29 萬 8,800 元，15

天內的報酬率達 60%。

圖2 用期貨賺上漲波段，15個交易日獲利60%
──台股期貨近月合約價格、成交量、KD、MACD日線圖

資料來源：XQ全球贏家　　整理：麥克連

　　如果在持有期貨多單的過程中遇到重要均線（如季線）反壓，只要股價維持高過高、低沒破低，就可以留著。另外，我要特別說明一下，我在進場的時候，很重視籌碼面的印證，這關係到我建倉部位的多寡，但出場不須看籌碼，就只要看技術面操作即可。

做空實戰範例》**2016年1月4日～1月13日**

　　接下來，我用 2016 年 1 月 5 日我做空的這個波段，幫助讀者進一步了解利用期貨做空的步驟。

第1次進場：1月4日》技術面、籌碼面同步轉空

　　2016 年開盤第 1 個交易日是 1 月 4 日，開盤就大跌，正式跌破前面的箱型整理，且成交量比前幾天還大。此時，若從技術面來看，是 2016 年 1 月 4 日快收盤時，可以小量進場做空。1 月 4 日盤後，我觀察到外資期貨未平倉口數與上一結算日比轉為負值，為 -1,017 口（詳見表 2），從技術面股價與籌碼來看，我判斷接下來將有一段走空的波段。

第1次加碼：1月5日》趨勢確認，加碼做空

2016年開盤日，外資期貨籌碼轉為偏空
——外資期貨未平倉淨額、與結算日比

日期	外資大小台 未平倉淨額 （口數）	與上一結算 日相比 （口數）	日期	外資大小台 未平倉淨額 （口數）	與上一結算 日相比 （口數）
2015 12.16	19,093	結算日	2016 01.04	18,076	-1,017
12.17	19,626	533	01.05	23,050	3,957
12.18	17,426	-1,668	01.06	20,184	1,091
12.21	19,049	-44	01.07	17,871	-1,222
12.22	17,863	-1,230	01.08	16,587	-2,506
12.23	21,398	2,305	01.11	19,297	204
12.24	23,361	4,268	01.12	20,895	1,802
12.25	25,531	6,438	01.13	23,501	4,408
12.28	24,156	5,063	01.14	23,911	4,818
12.29	19,751	658	01.15	23,468	4,375
12.30	16,056	-3,037	01.18	25,609	6,516
12.31	20,660	1,567	01.19	17,348	-1,746
整理：麥克連			01.20	16,719	-2,374

由正轉負

　　1月5日股價的確下跌，技術面看來開盤往上拉又下來，呈現黑K，股價高點沒有過前高點、低點跌破前低點，量能仍在5日線之上，從技術面來看是一個趨勢確認、波段下跌的開始，我仍會進場賣出台指期，加碼做空。

　　但是，1月5日盤後，外資的期貨未平倉口數與結算日相比又轉為正值，此時，我就會很留意，先有一個心理準備，6日大盤是不是會往上走，如果外資未平倉與結算比日連續轉多，下跌的幅度可能不會太深，那麼我會適時獲利了結；如果外資未平倉後來連續2～3天轉空，那麼行情就會如技術面預期的下跌一個波段。

　　1月6日，技術面已有3根黑K棒，高不過前高、低跌破前低，價格都在均線之下，MACD、KD等指標都往空走，向下趨勢確立；但是由於1月5日籌碼是看多的，所以6日會暫時觀望。等到6日盤後，雖然多單減少，但仍是偏多，所以還是會保持觀望。

出場：1月13日》籌碼面、技術面同步轉多

　　因為是做趨勢波段單，除了技術面之外，籌碼面會是個重要

判斷點。1 月 8 日雖然台指期上漲 60 點,但就技術面來看,高點未過前一天高點,低點與前一天的低點非常相近,且上漲未碰到 5 日均線,表示後續再跌的可能性很大,而盤後觀察籌碼依然偏空,所以空單繼續留倉。

到了 1 月 11 日,期貨又下跌了 126 點,盤後若籌碼未轉多,指數則仍有下跌的空間;不過盤後來看,籌碼已開始轉多,

圖3 用期貨賺下跌波段,8個交易日獲利逾36%
——台股期貨近月合約價格、成交量日線圖

資料來源:XQ全球贏家　　整理:麥克連

外資期貨未平倉口數與結算日比是 204 口，隔天就要留意出場的時機點了。

1 月 12 日期貨雖然下跌了 32 點，但跌幅已開始收斂，若籌碼仍轉多，隔天找機會可先獲利了結一半，或是全部停利出場。事實上，1 月 12 日的外資期貨未平倉口數與結算比是1,802 口，外資看多的力道增強，1 月 13 日上漲，技術線型漲破 5 日線，所以 1 月 13 日我會將空單全部出場。

結算》獲利12萬2,400元，報酬率36.87%

第 1 次進場：賣出 2 口，1 月 4 日收盤：8,073 點
第 1 次加碼：賣出 2 口，1 月 5 日收盤：8,025 點
平倉：買進 4 口，1 月 13 日收盤：7,896 點
總共獲利 12 萬 2,400 元，8 個交易日獲利 36.87%。

判斷大趨勢，先看技術面成形、盤後用籌碼驗證

2016 年是強勢盤的局面，下跌趨勢很快、很短，這是因為外在環境的影響，流通在外的錢比較多，所以當下跌的趨勢開始，就要放空，直到獲利了結出場。

外資在一段趨勢中，有可能在一剛開始會有一天多、一天空，尤其在波段小趨勢中常會有這種情況，大波段則會較為明顯，籌碼與技術面會明確朝同一個方向。

當一個大趨勢成形時，技術面會最先看到，盤後再用籌碼來驗證，若是不符合，例如技術面是空的，但籌碼卻沒有跟著轉空，我就會對這個下跌保持謹慎的態度；反之，籌碼面轉多，但技術面還沒轉多，我就會開始將原來布建的空單逐漸獲利了結，畢竟對波段操作來講，我們要吃的是中間最甜美的那一段，頭尾就留給操作當沖的投資人吧。

舉例來說，2016 年 6 月 24 日的英國脫歐公投，股價大跌，技術面是空頭走勢，所以基本上我們會往空的趨勢來思考，但盤後看到外資期貨未平倉口數與結算日比轉為正值，之後幾日也還是保持正值且持續增加，顯見後續看好，後來指數也很快的就回到脫歐當天的高點，且又續創新高。

4-3 運用期貨做當沖 賺完就跑避開大風險

　　我操作期貨除了做波段，也會做當沖。當沖是一種當日買進就賣掉、賣出就買進的操作方法，顧名思義就是今天就會把倉位結束掉。操作當沖的好處是可以避免隔天因為國際盤或其他突發事件，出現跳空行情的不確定性。

　　由於交易制度的關係，台指期並不像其他主要國家，如美國、新加坡有盤後的電子盤，雖然自 2014 年 5 月 15 日開始，台灣期貨交易所與歐洲期貨交易所合作，授權歐洲期貨上市交易 1 日的台股期貨及台指選擇權，只可惜量放不出來，也不直接，而一旦在期貨收盤後出了大事，原來未平倉的部位會面臨到很大的風險。

　　舉例來說，2004 年民進黨總統候選人陳水扁先生在總統選舉的前一天挨了兩顆子彈，讓那時壓寶國民黨會贏而大買期貨

多方的投資人遇到連續 2 天的跌停，若當時只做當沖的人，不僅可避過開盤即跌停的風險，還能因為手中沒部位（沒包袱），可因時制宜的靈活運用策略，反而容易大賺一筆。

當沖交易保證金折半，且更能因時制宜

另外，期交所也對當沖交易推出當日沖銷減收保證金制度，投資人只要付出一半的保證金，即可交易期交所的 4 大期貨（台股期貨、電子期貨、金融期貨及小型台指期貨），這對資金的運用更為有利。

我做期貨當沖最常用 5 分鐘的 K 線來觀察，再搭配技術指標、均線、型態來做，假設你想要留倉的話，可以在尾盤的時候看看美國期貨電子盤，小道瓊或是小 S&P（詳見註 1）都可以，小道瓊與小 S&P 基本上走勢都會同步。

註 1：小道瓊、小 S&P

小道瓊是道瓊工業指數的期貨之一，跟道瓊期的關係就類似台指期的大台與小台；小 S&P 則是 S&P 500 股價指數的期貨之一，跟 S&P 500 股價指數期貨的關係也類似大台與小台。兩者因交易時間很長，是在台北夏令時間週一早上 6 點到隔日清晨 4 點 15 分，週二到週五則由清晨 4 點 30 分至隔日清晨 4 點 15 分，幾乎是 24 小時都可交易，所以能即時反映全球經濟動態。

舉例來說，假設你今天做多，而且已經有小賺了，但是還想擴大獲利的話，這時候如果美國期貨電子盤收盤是往上走的，你就可以繼續留下小額的部分；假設你今天做空，期貨電子盤卻是往上的，我建議你還是停損，把部位沖掉吧！

當沖須使用5分鐘K線，且參數要略微調整

當沖跟期貨波段不一樣的地方在於，我在一般趨勢單的均線參數是設 5、10、20 與 60，也就是用 5 日、10 日、20 日、60 日的移動平均線來看，但是當沖的均線參數我設定為 5、10、21 與 55，也就是 5 分鐘 K 線的 5 根、10 根、21 根、55 根收盤價的移動平均線。不管是日 K 線或是 5 分鐘 K 線，5 根 K 線的均線我們稱為「5MA」，10 根 K 線的均線我們稱為「10MA」。

你可能會問為什麼參數會設在 21 跟 55 呢？5MA 與 10MA 跟波段單使用同樣的參數，是因為這兩個是短期均線中很重要的數字，所以我沿用不改變；21 跟 20 滿接近的，就先不討論為什麼；55 跟 60 則屬於長線 MA，我選擇 55，是因為 55 在 60 之前，做當沖可以提前反映，我們才來得及

做下一步動作。

　由於操作當沖使用的參數與波段不大一樣，因此，要做當沖之前，需要先設定一下看盤的軟體，我來講一下自己的期貨當沖看盤操作畫面步驟：

　步驟 1：將 K 線圖的資料頻率，由平時常看的日線，改為 5 分鐘線。

　步驟 2：設定好 4 條均線：5MA、10MA、21MA、55MA。

　步驟 3：加入 3 個技術指標：MACD、KD、RSI。

　前面我有提到，我最常使用的技術指標，除了均線之外就是 MACD 與 KD，但是做期貨，特別是在期貨當沖的時候，我會再加看 RSI（Relative Strength Index）指標，這指標又稱「相對強弱指標」（詳見註 2）。

註 2：RSI（Relative Strength Index）相對強弱指標
是一段期間內，股價漲幅平均值占漲幅平均值加跌幅平均值的比值，範圍介於 0 至 100 間，由於上漲代表買方，下跌代表賣方，因此可研究多空的強弱。有 2 條線：6 日 RSI（RSI 6）與 12 日 RSI（RSI 12），用法與 KD 指標類似，低檔黃金交叉是買進時機，高檔死亡交叉則是賣出訊號。

RSI 指數比較敏感，可以先預告股價接下來的走勢，但也由於過於敏感，所以，我是拿來提前預判走勢，我仍然是以 KD 為主，RSI 為輔，免得雜訊太多。若以太過敏感的 RSI 指標進出，很容易進場又出場，白白浪費手續費。

做多實戰範例》**2016年5月23日**

都設定好之後，來看當沖實戰。我以 2016 年 5 月 23 日這一天為例，8 點 45 分期貨剛開盤的時候，距離現貨市場開盤還有 15 分鐘，直到現貨開盤，會產生 3 根 5 分鐘 K 線，要先觀察這 3 根 5 分鐘的 K 線有沒有方向性，以這天為例，基本上還是在低點跟整理區間之內，呈現盤整狀況，沒有明確方向。

到了 9 點 20 分的時候，RSI 在這之前已經交叉往上，預告行情有可能向上，KD 也準備開始交叉向上，並於 9 點 25 分開始正式交叉向上，MACD 則是在下一根由綠棒轉為紅棒（詳見圖 1）。

這時可以看到各條均線糾結在一起，通常這種情況代表接下

來會有大事發生,不是往上就是往下,因為均線不可能永遠呈現糾結;我們剛剛又已經從 MACD、KD 這兩個技術指標看出來,今天應該是往多的方向去,這時候你心裡就可以知道往上的機率應該是比較大的。

進場》9點25分出現明確方向

9 點 20 分這一根 K 線還看不太出來多空方向,9 點 25 分開始有點跡象了,但是還沒有突破盤整區,不過已經有帶著成

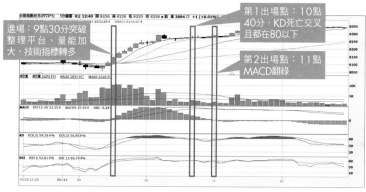

圖1 **9點25分確認各項指標轉多,可準備進場**
——台股期貨近月合約價格、成交量5分鐘線圖

資料來源:XQ全球贏家　　整理:麥克連

交量出現，一般來說，有成交量才容易有突破行情出現，不然仍以盤整機會居多，9 點 25 分的量也很大，這根 5 分鐘 K 線收盤時已經超越整理平台，而且在各條均線之上，那下一根 K 線幾乎篤定是往上了。看 KD、RSI 以及 MACD 全數轉多。

所以我進場的時機會在 9 點 25 分或是 30 分，尤其是 30 分這根，除了確認突破前面的整理平台外，量能更大，而之後就開始漲上去了。

出場》依據3技術指標判斷

期貨當沖出場也是與進場一樣，主要是看 3 個技術指標：

1. 優先看 RSI：對我來說這是期貨的先行指標，若是當初做多買進的，遇到死亡交叉且 RSI6 降到 75 之下，就要留意可能要出場了。

2. 第 2 個看 KD 指標：若是做多買進的，當 KD 死亡交叉且在 80 以下，也是出場指標。

3. 第 3 個看 MACD 指標：當紅棒轉綠棒，或是紅棒比這

波上漲的最高一根紅棒，縮減到了 1/3 之下，也是期貨多單要平倉退場的指標。

一般說來，RSI 是最先出現跡象的技術指標，其次是 KD，再來是 MACD，至於這 3 個指標出現幾個要出場，就要看你的投資屬性了，如果你是比較保守、不想承擔太多風險的，可以在 KD 指標出現訊號翻空就平倉；而可以承擔多點風險的，可以等到 MACD 由紅轉綠翻空時候再出場。

以這個例子來說，10 點 25 分 RSI 死亡交叉且 RSI6 值降到 75 以下，但這時的 KD 指標還在高檔鈍化區中，未降到 80 以下，所以還可以觀察不急著平倉；而到了 10 點 40 分時，RSI 與 KD 均符合了出場條件，這時保守的投資人就可以平倉獲利了結一趟，風險承擔較大的人，可以等到 11 點時再出場。

做空停損實戰範例》**8月25日，停損後立刻翻多**

我再多講一個當沖做多的例子，操作期貨並不是每一次都照表操作、買進就會開始漲，還是會有看錯的時候，看錯沒關係，我們就停損認錯就好了，重要的是要再度抓住對的趨勢。

在 2016 年 8 月 25 日開盤前，可以看到前一天是偏空的格局，股價在均線之下；8 點 45 分開盤也的確開低，但接著往上拉；8 點 50 分、也就是第 2 根 K 線，漲到了各條均線之上，各條均線開始糾結的情況，這代表會有大行情。

進場》小筆空單停損出場，改為多單進場

因為從前一天從指標來看，我會預判這一天開高後應該要往下走，所以先用小單試試做空，但是沒有跌，這表示盤勢不是我所預判的；到了 8 點 55 分時，不論 RSI 及 KD 均往上漲的方向前進，且 MACD 綠棒縮減，DIF 從零軸往上走（詳見註 3），也就是 9 點開始，我就會停止做空，停損賣出，然後改成多單進場。

時間進到 9 點 30 分時，股價跌破 5MA，心裡要出現警訊，因為往往跌破趨勢線之後，股價容易下跌，而這時的 RSI 也是出現了賣出訊號，不過 KD 還在 80 之上，MACD 的紅棒開始縮減，但縮減不多，所以我會再等等。

註 3：DIF
MACD 指標是由兩個指標形成，一個是紅與綠的柱狀體，一個則是兩條 DIF 線，當 DIF 在零軸以下即為偏空，DIF 在零軸以上則是偏多。

出場》當MACD轉綠即為平倉訊號

　　到了9點45分或50分時，兩個敏感指標開始出現多方力
竭狀況，但MACD還沒出現轉空的跡象，保守的投資人可以
先賣，可承擔風險的人還可以再等一下。10點5分時出現一
根帶量長紅K，原來沒出的多單可繼續持有，之前平掉的可以
再進場一次。到了10點55分時，RSI向下，KD也交叉向下，
MACD紅棒縮減；11點時，MACD也轉為綠棒，這時候就
是平倉出場的時機了。

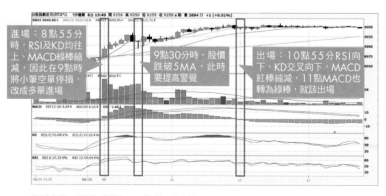

圖2 當方向與預判不同，應及時修正出場並轉單
──台股期貨近月合約價格、成交量5分鐘線圖

進場：8點55分時，RSI及KD均往上、MACD綠棒縮減，因此在9點時將小筆空單停損，改成多單進場

9點30分時，股價跌破5MA，此時要提高警覺

出場：10點55分RSI向下、KD交叉向下，MACD紅棒縮減，11點MACD也轉為綠棒，就該出場

資料來源：XQ全球贏家　　整理：麥克連

這裡有個當沖小技巧可以跟大家分享一下，雖然這一天 RSI 已有幾度轉空，但是發現股價跌不太下來，原因是 MACD 的指標的 DIF 線仍在零軸之上，只要 DIF 在零軸之上，雖然指標是轉弱，但是股價是不容易下來的，即使你在這個地方想要做空，但是因為 DIF 的關係，會讓這個往下空的肉（編按：指獲利空間）不夠多。所以除了 RSI、KD、MACD，我也會看一下 DIF 值。

最後，若直到尾盤一直沒出現多方平倉出場的訊號，那要不要平倉出場呢？這時要謹記你的進場初衷是做當沖，既然當沖，就是要在當天不留倉，除非看到美國期貨電子盤是上漲的，才留小部位的單來留倉。

做空實戰範例》**2016年9月1日**

當沖的好處，就是上漲能做、下跌也能做，多空皆宜。接下來，我就分享一個 2016 年 9 月 1 日我利用期貨當沖做空的實例。

2016 年 8 月 31 日下午 1 點時，股價已處於弱勢，9 月

1日8點45分期貨開盤後，前3根5分鐘K棒並未有明顯方向出現，到了9點開始，一根長黑K帶量跌破了之前的整理平台，3個技術指標RSI、KD及MACD都往更弱的方向走，這時就是開始做空的切入點。

直到10點鐘RSI及KD指標先行往上，可以先行平倉獲利了結，到了10點5分一開始，股價往上拉，MACD也轉為綠棒，就一定要平倉了（詳見圖3）。

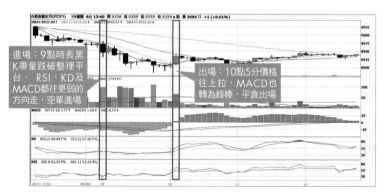

圖3 3個技術指標同時走弱，就是做空切入點
——台股期貨近月合約價格、成交量5分鐘線圖

資料來源：XQ全球贏家　　整理：麥克連

至於平倉之後是否要轉為多單，這時就要看股價所在位置及MACD 中 DIF 的指標了，由於股價一直在均線之下，均線也是呈現空頭排列，本就不利於做多，而觀察 MACD，雖然是紅棒的狀態，但 DIF 線一直在零軸之下，表示上漲的空間並不大，所以，這時就只能先觀望為宜了。

做當沖手腳要快，在5分鐘K線快結束時下手

當沖跟波段不一樣的地方在於，做當沖手腳要比較快，通常在 4 分 30 秒的時候必須決定，也就是 5 分 K 線快結束時下單，因為價格時常在變，若太早出手，盤勢常常會騙人，所以我都會等到那一根 5 分 K 線快結束的時候才下決定。

如果是比較保守的投資人，在盤中離 5 日均線乖離比較遠的時候，就可以先獲利了結，但是我還是比較建議跟著指標走，才會比較容易賺到整個波段。

我都是使用 3 個指標，依敏感度最高到最低排序是 RSI、KD 與 MACD，如果在盤中遇到 RSI 跳來跳去，一下黃金交叉、一下死亡交叉的話，我就會看最不敏感的 MACD，只要

MACD 紅棒或綠棒已經縮減到最高的紅棒或綠棒的一半，當 RSI 死叉的時候，我就會先獲利了結了。

目前為止我講的當沖、波段都是講台指期，雖然同樣的操作方法一樣可以用在金融期跟電子期，但是我個人比較推薦台指期，主要是台指期的成交量大，不會產生滑價（詳見註 4）或買賣價差太大而出現買貴賣便宜（買高賣低）的情形。

如果操作台指期游刃有餘，才考慮操作金融期及電子期，操作的方法沒有差別，只是如同我剛剛說的，台指期的流動量足夠，所以比較好進好出，即使是在開盤跟收盤也一樣好進出。

電子期跟金融期的缺點是，當加權指數還沒開或是已經收的時候，也就是上午 8 點 45 分～ 9 點以及下午 1 點 30 分～ 45 分這個區間，這段期間的量比較小，這樣的情況之下，就比較不容易買到理想的價位。

註 4：滑價

滑價是指，買賣的價格跟你預期掛單的價位不同，只要實際成交的價位跟你第一次想掛單的價位不同都叫做滑價，一般都是指比預定想成交價格差。

補充教學》當沖前先參考新加坡摩台期走勢

操作台指期當沖時,除了加權指數外,我也會看新加坡掛牌的摩根台指期走勢,假如摩台期較台指期強,今天台指期走強的機率就會高;相反的,摩台期較台指期弱,台指期走低機率就會較高。

以下圖為例,2016 年 9 月 5 日台指期大漲 131 點,漲幅 1.47%,藍色線是台指期的走勢,當我要做多的時候,摩台期(粉紅色線)最好能在台指期之上,代表今天後續走勢走強的機率會較高,當沖做多獲利的機會也比較大;若摩台期在台指期之下,當天的交易策略就以做空為主。

2016 年 8 月 25 日也有相同狀況，台指期貨開盤的時候，雖然是以下跌開出，但是摩台期一直在台指期上方，代表今天外資看多的力道較強，後來果然是一路上漲，明顯可以看出是摩台期貨拉動台指期貨，最後當日上漲 116 點，漲幅 1.3%。

不過，有時候，當天盤勢上下震盪較大，在下跌段的時候摩台指會跌得比台指期深，上漲段的摩台指也會漲得比台指期高，代表這一天期貨當沖就有兩段趨勢可以操作。

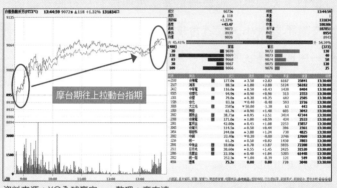

資料來源：XQ全球贏家　　整理：麥克連

用期貨參與個股除權息 提前領息還能節稅

　　我的上一本書有介紹股票期貨這個商品，我很愛股票期貨，當我挑到法人認養的股票時，若這檔股票有發行股票期貨，只要成交量不要太小，我就會拿來取代融資，因為成本實在非常低廉，可以提高我的獲利。

　　有些人可能不熟悉，我再簡單介紹一下股票期貨到底是什麼。我前面章節有介紹台指期，是加權指數的期貨商品，而這一章要介紹的股票期貨，就是股票的期貨商品。以下分 5 點介紹股票期貨的特色：

1.保證金：為契約價值的13.5%，隨股價變動

　　台指期的保證金現在 1 口大台為 8 萬 3,000 元，1 口小台則為 2 萬 750 元，股票期貨則是依照契約價值乘以 13.5%，所以保證金會隨著股價高低變動，槓桿約為 7 倍。

假設投資人想參與鴻海（2317）除權息行情，就可以在除權息前幾天，買進1口鴻海股票期貨，由於1口相當於2張股票，也就是2,000股，所以1口的保證金就是股價乘以270（2,000股×13.5%），假設鴻海股價100元，1口的保證金就是2萬7,000元。

2.價格跳動：與標的股票相同

股票期貨跟股票的價格跳動一模一樣（詳見表1），契約價值也是隨著股價變動。假設買進1口鴻海股票期貨，當期貨

表1 股票期貨每一檔價位跳動金額與股票相同
——股票期貨每一檔跳動金額

股價區間	每一檔跳動的金額
價格未滿10元者	0.01元
10元至未滿50元者	0.05元
50元至未滿100元者	0.1元
100元至未滿500元者	0.5元
500元至未滿1,000元者	1元
1,000元以上者	5元

資料來源：期交所　　整理：麥克連

價格上漲 1 元，帳面獲利就達 2,000 元；當它跌 1 元，帳面虧損就達 2,000 元，因為 1 口保證金是表彰 2 張現股的關係。

3.操作方向：雙向，可做多也可做空

　　股票期貨跟台指期一樣，能做多也能做空，如果投資人看壞鴻海走勢，想放空鴻海，可以賣 1 口鴻海股票期貨，當鴻海期價格下跌 1 元，帳面就獲利 2,000 元；想獲利了結，就反向買進，即為平倉獲利。

4.交易成本：稅費比股票便宜10倍以上

　　近年來，由於期交稅實在很便宜，所以知道的人也跟我一樣很愛這個工具。先比較股票與期貨的稅率，股票的交易稅是千分之 3（賣出時支付），但是股票期貨的交易稅只有 10 萬分之 2，雖然買賣都要支付，但來回加總仍然只有 10 萬分之 4，股票的交易稅是股票期貨的 75 倍！

　　手續費差異也很大，1 口股票期貨表彰的 2 張股票，買賣一次手續費在 80 元到 100 元之間，以 100 元的股票來說，手續費就算打 5 折，還要 600 元；但 1 口股票期貨的手續費僅約 30 至 50 元，也是 12 倍～ 20 倍的差距，若以股票期

貨進場，股價只需漲0.1元就可開始獲利，這是最誘人之處。

5.合約規格：3種契約，規格各不相同

　　距離上一本書發行1年多以來，股票期貨的發展又更加蓬勃了，現在股票期貨有3大種類：一般個股、ETF（指數股票型基金）、小型契約，其合約的規模不大相同。

 表2 個股4大交易工具中，股票期貨稅費最便宜
　　——4種股市主要交易工具成本比較

	股票期貨	股票	融資	融券
利息成本	無	無	年利率約6%左右	0.08%借券費
手續費	1口手續費100元，一般打5折約為50元（買加賣共100元）	千分之1.425，買賣皆收，以網路交易券商折扣約1.7～6.5折	千分之1.425，買賣皆收	千分之1.425，買賣皆收
交易稅	買：10萬分之2 賣：10萬分之2	買：零 賣：千分之3	買：零 賣：千分之3	買：零 賣：千分之3

註：1.目前各券商與期貨商提供的手續費折扣，成交量愈高折扣愈多，約在20元～50元之間；2.融券還會有額外的利息收入
資料來源：各券商網站　　整理：麥克連

　　剛剛有講到，一般的股票期貨 1 口是表彰 2 張股票，也就是 2,000 股，隨著期交所納入愈來愈多商品，2014 年推出的 ETF 股票期貨，1 口則是表彰 10 張，也就是 1 萬股的 ETF；此外，2016 年針對高價股推出股票期貨小型契約，1 口則降低到 100 股。

　　高價位股票期貨小型契約把每 1 口契約單位降低到 100 股，是一般股票期貨契約單位（每口為 2,000 股）的 1/20。所需保證金相對較少，參與門檻降低後，可以讓更多的散戶有辦法參與高價位股票的期貨交易。

　　以股王大立光（3008）為例，大立光股價 3,900 元時，過去沒有小型契約的時候，1 口股票的保證金高達 105 萬 3,000 元，門檻非常高，所以期交所就推出了小型契約，以小型大立光的股票期貨為例，1 口只表彰 100 股，也就是 0.1 張現股，1 口小型大立光股票期貨，在大立光股價 3,900 元時，保證金只要 5 萬 2,650 元，立刻由百萬元變為親民價，大幅降低了資金門檻。

　　詳細資料可以至期交所的網站（www.taifex.com.tw/

chinese/2/STF.asp）查詢，點下交易標的，即可看到所有的
股票期貨契約有哪些。

用期貨參與除權息有3大優點

因為股票期貨操作成本低廉，所以我有3種操作方法：第1，
取代波段操作的法人認養股票；第2，專屬的牛皮股操作法；
第3，快速拿到息值的除權息操作法。波段操作的策略我在上
一篇已經講得非常詳細（詳見第3篇），牛皮股操作法在上

表3 股票期貨共有3種合約規格
——股票期貨3種合約規格比較

種類	表彰證券股數	檔數	標的
一般股票期貨	2,000	199	包括上市與上櫃
小型契約	100	3	大立光（3008） 精華（1565） 碩禾（3691）
ETF	1萬	7	包括元大台灣50（0050）、富邦上証180（006205）等ETF

註：資料日期截至2016.09　　資料來源：期交所　　整理：麥克連

一本書也有介紹，如果沒有買上一本書也沒有關係，其精神與操作方法其實與 4-2 期貨操作盤整盤的方法相近，只是標的由台指期改成以牛皮股為標的的股票期貨。

現在我來講講每一年必做的股票期貨除權息操作法。為什麼我很愛透過股票期貨參與除權息？除了前面提到的優勢之外，還有另外 3 個優點：

1. 可提前拿到現金股利與股票股利：舉例來説，如果台積電（2330）7 月 3 日除息 3 元，除息前一天股價為 78 元，除息日股價變成 75 元，以永豐期貨為例，當天就會撥給投資人 3 元 ×2,000 股，也就是 6,000 元到保證金帳戶，不需要等到公司實際發出現金股利，當天就可提前領息。

至於除權時，則會透過調整契約約定的股數，原本買 1 口為 2,000 股，除權 1 元，該契約則會變成 1 口表彰 2,200 股。

2. 不受除權息前停資券的影響：通常除權息前都會停止融資、融券，但股票期貨不受影響，除權息前一天還是可以買進參加除權息。

3. 可節稅：若用股票參與除權息，拿到的股利所得還要併入個人綜合所得稅課稅，特別是現在可扣抵稅額減半，參與除權息的投資人要繳的稅大增，而且只要股利總額超過 2 萬元，還會被課徵 1.91% 二代健保補充費；但是買進股票期貨參與除權息，完全不需繳交上述兩層賦稅。

除權息前分批買進，價差逾股利1.5倍賣出

我怎麼操作呢？參與除權息最主要的是要賺到填權息的行情，希望除權息後能上漲，所以，首要當然是先確認大盤呈現多頭。如何判斷大盤目前是多頭或空頭，我在本書第 2 篇已講得很清楚，大盤走多頭的時候，除權息行情才會旺，參與除權息勝率才會高；如果大盤是盤整或空頭，不是不能參與，只是我心裡會有準備，要降低投入的金額，且獲利率會比多頭的時候來得低。

接著，就是我們在第 3 篇談的，如何挑出法人籌碼剛上車的股票。當除權息旺季的時候，我會特別注意，這些法人認養的好股是否接近除權息，我會將除權息日期記錄在行事曆上，提醒自己要記得參與。

接下來，判斷除權息股的買點與賣點，則跟一般找法人認養股只單純看技術面進出略有不同。

買點》除權息交易日前7～10天分批買

除權息交易日前 7 ～ 10 天，我會陸續分批買進，不會等除權息前一天才買進，理由有 2 個：第 1，除息前一天股價通常會較高，如果後續未順利填權息，這天進場等於買在最高點；第 2，因為股票在除權息前 3 日會停止融資及融券交易，這時就只剩下股票期貨及權證可以參與除權息行情，若想參與的標的是熱門好股，常常會因為無法融資買股的人也都改買股票期貨，將個股期貨的價格推升到比股票價格還高，也就是所謂的「正價差」。

賣點》價差大於股利1.5倍即可直接賣出

什麼時候出場？當價差已大於股利的 1.5 倍以上，就可以直接賣出，例如配息 5 元，但是價差已經超過 7.5 元，就算還沒有除權息，我就會直接賣掉賺取價差；但如果法人開始買超，那我會續抱到除權息後，改賺除權息的波段財。

我每年一定操作的除權息股票有兩檔：一檔是台積電，另一

檔是鴻海（2317）。台積電通常會是台股中較早除權息的股票，而且它又是台灣市值最大的龍頭股，是當年度除權息行情是否興旺的指標（台積電的股票期貨除權息操作範例，詳見下頁）。

我買入台積電試水溫後，如果有獲利，我就會開始將之前找到的標的，輪流在 6 月～ 8 月間操作；如果沒有獲利，那一年參加除權息就會十分保守，像 2015 年台積電除權息行情很不錯，我後面就很積極參加除權息。

用股票期貨參與0050除息，股息、價差皆入袋

除了個股之外，元大台灣 50ETF（0050）也有除息，自 2016 年開始，1 年會除息 2 次。2016 年的第 1 次除息在 7 月 28 日，除息金額 0.85 元，雖然金額不多，但可以利用股票期貨的高槓桿特性參與，將獲利放大。

在 0050 除息前，6 月 24 日英國脫歐公投成功、全球股市慘跌，所幸很快在全球央行共同聲明救市之下，股市開始恢復上漲行情，此時我注意到 0050 將要除息的消息，且觀察到

外資持續買進，於是在 7 月 11 日跳空開高時買進，當天的收盤價為 67 元。

我操作 ETF 是專門用來賺除息行情，因為 0050 沒有公司信用風險，所以可以長期持有，且可忽略價差的顧慮，我設定

圖解操作》台積電2015年除權息實例

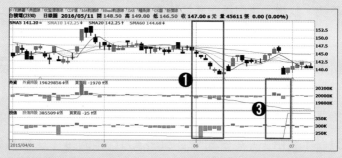

❶台積電 2015 年除息日在 6 月 29 日，配發 4.5 元現金股利，6 月上旬法人籌碼，外資、投信都連續賣超，代表法人不甚看好台積電的除權息行情，賺到價差的機率較小，因此，只以小資金試水溫。

❷6 月初經過連續下跌後 KD 出現鈍化，股價開始止跌反彈，6 月 11 日看到台積電以 141 元帶量高開便隨即進場，因當日 KD 已從低檔向上黃金交叉，成交量也隨之放大。

的出場價改為除息參考價。2016 年 7 月 28 日 0050 除息，除息參考價為 69.7 元，很快的，在 8 月 5 日就完成填息，以 69.7 元獲利了結。除了賺到除息的現金股息外，也賺到了價差，共 3.55 元，1 口 ETF 股票期貨表彰 10 張，所以 1 口獲利 3 萬 5,500 元。

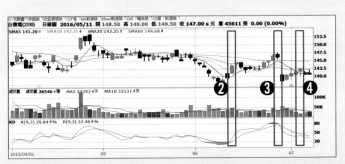

❸直到除息前一日，價差沒有超過配息 4.5 元現金的 1.5 倍，也就是 6.75 元，達到 147.75 元的價位，且除息前外資轉為買超，因此直接參與除權息。

❹至 7 月 3 日已超過成本價 141 元，除息後這段期間外資買超並不積極，因此賣在 141.5 元，價差獲利 0.5 元、並賺到 4.5 元現金股利，3 週獲利 3.5%。

資料來源：XQ全球贏家　　整理：麥克連

圖1 期貨參與0050除息，填息賣出獲利逾3萬
——元大台灣50（0050）股價、3大法人買賣超日線圖

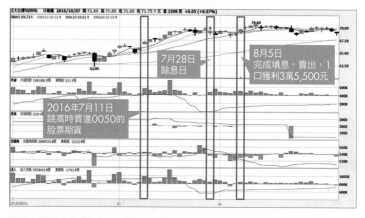

7月28日
除息日

8月5日
完成填息，賣出，1
口獲利3萬5,500元

2016年7月11日
跳高時買進0050的
股票期貨

資料來源：XQ全球贏家　　整理：麥克連

　　這裡要說明的是，由於期貨有結算機制，不像股票可以一直放著，所以用股票期貨參與除權息，必須買在除權息當月，例如2016年7月的結算日是7月20日，想透過元大台灣50ETF的股票期貨參與除權息，除息日是7月28日，就不能買7月的股票期貨，因為還沒有除權息就會被結算掉了，必須買入8月的股票期貨才行。

4-5 做期貨首重資金控管 至少準備3倍保證金

　　想進入期貨的世界，首先一定要學會資金控管，因為期貨槓桿大，當行情大幅波動的時候，若沒有準備充足的保證金，即使最後你看對行情的方向，中間也可能因為保證金不足，被提前抬出場，而享受不到看對的獲利收割。

　　我建議準備的資金，應該是所需要的期貨保證金的 3 倍，如果有大行情的時候可以酌量縮到 2 倍。譬如說 1 口台股期貨目前的保證金是 8 萬 3,000 元，那麼保證金的戶頭最好準備 8 萬 3,000 元 ×3 倍＝ 24 萬 9,000 元，才能操作 1 口；迎接大行情的話就可以寬鬆一點，想下 1 口只需準備 8 萬 3,000 元 ×2 倍＝ 16 萬 6,000 元。

　　保證金 3 倍比較保守、2 倍比較積極，也就是說，在確認大行情來時，可以把多一點的資金投入期貨，而不用留太多現

金在手上。舉例來說，若你手上有 100 萬元想來操作期貨，在平時，最多可以下到 4 口台股期貨，而當確認會有大行情來時，就可以下到 6 口。這裡的口數，講的是「台股期貨」（代號 TX），而非小型台股期貨。

行情大時可冒點險，預備資金調整為保證金2倍

我所謂的「大行情」，是指從籌碼、技術面確認這是底部，預期行情會翻上來。譬如說像 2016 年 1 月 29 日、5 月 23 日這兩次波段上漲，經過一個長波段的下跌整理，然後突破上漲，這是屬於確認的波段大行情，這個時候才適合將保證金的倍數降到 2 倍。至於有關大行情的研判方法與更多細節，可參考我的第 1 本書及前面的章節。

經過整理許久之後向上突破的走勢，你心裡篤定接著下來會有一段波段上漲行情，此時就可以稍微冒一點險，積極一點。

期貨是個多空兼宜的工具，上漲的波段行情可以操作，下跌的波段行情也一樣可以做空。譬如說 2016 年 1 月 4 日，就是明顯下跌段的開始，量持續擴增（1 月 5 日、6 日、7 日），

K 棒都是高點沒有過前高、低點跌破前低，是一個空頭走勢的情況，此時，可以稍微冒一點險增加部位做空。

2016 年 4 月 28 日這次下跌也是類似，而且是一大段，高點不過高，低點跌破前低，量一直往上，這個時候可以把你的資金控管從保證金的 3 倍調整成 2 倍，一旦遇到了 2016 年 5 月 10 日的這一根紅十字 K 線，就可以獲利了結一些，讓資金回到原來的保證金 3 倍。

賺錢必備2條件：看對加碼、看錯停損

我的操作方法是這樣的，當第 1 天確認空頭以後，如果你只買進 1 口，第 2 天繼續下跌就一定要再加碼 1 口，因為你已經確認這一天是跳空下跌，確認了行情的走向。假設 2016 年 4 月 28 日，收盤的時候已經確認走空，此時買 1 口，隔一天 4 月 29 再加碼，5 月 3 日做最後一次的加碼（4 月 30 日～ 5 月 2 日為休假日不開盤）。

加碼很重要，停損也是非常重要。由於期貨的槓桿很大，所以不要有太多的預設立場，最好完全按照我們決定的進出場指

標來做，指標是多就做多，指標是空就做空。

不要覺得今天一定會漲，或是今天一定會跌，卻忽視指標要告訴你的事，當指標叫你出場，最好照辦。也就是說，當自己的部位與指標相反時，就要知道減碼或完全出場（平倉），如果死不相信而硬放著，則會有很大的機會由別人幫你平倉，這個別人不是你的朋友，而是你下單的證券商或期貨商（編按：意指因保證金不足而被券商強制平倉）。

我們千萬不要跟市場作對，順著市場走，你的策略定了以後，就跟著市場去做。進場之前，我們當然可以有多空的看法，譬如說你覺得今天看多，或是心裡覺得今天一定會漲，可以準備做多，但是要等指標對了（顯示為多）才做多，不要指標不對，你還是硬要做多。

舉例來講，股市一般都有元月行情，但像 2016 年元月的開盤，台股指數下跌 202 點，也跌破了前面的區間整理平台，所有技術指標如均線、MACD、KD、RSI 都往空頭的方向走（詳見圖 1），那時就算心中有元月行情的夢，也不該做多，或是原來下的多單不理會硬拗，損失就會很慘重。

在真金白銀操作前，至少先模擬練習1個月

　　我建議初次接觸期貨的人，可以先從模擬開始，用 Excel 記錄並追蹤你的看法是否正確，現在也有很多模擬操作的軟體，更擬真，透過模擬的操作，你可以找到適合自己的操作頻率與方法，當你發現在模擬操作時，獲勝的次數或說是獲利的機率是大的，那麼你就可以開始實際進場操作。

圖1 2016年開盤全面走空，沒有出現元月行情
——台灣加權指數、成交量、MACD、KD日線圖

資料來源：XQ全球贏家　　整理：麥克連

我建議初學者模擬操作時間不能太短，最好經歷 1 個循環，我認為期貨的循環就是 1 個月，從這 1 個月的開倉開始到這個月的平倉結束為止，初次操作的人，歷經整個循環，對各種的狀況就會比較清楚，然後要檢討，最好也將操作過程的檢討都記錄下來。

操作過程的記錄要記錄什麼呢？記錄你今天進場的理由、出場的理由，還有獲利及虧損的原因，譬如說你可能打瞌睡、去上個廁所然後在廁所裡面玩遊戲玩得太瘋忘了出來，或者是你覺得應該會往上，但是實際沒有往上，還在那邊拗單，這些都如實記錄下來。

每一個人都會有犯錯的時候，將你犯的錯寫下來，會加深你的印象，還有以後當你發現類似的情況時，你可以回頭看一下，當時是怎麼樣處理的。

因為操作者是人，人就會有人性，人性會一再地重複，就像回顧歷史，每一個朝代都重複一樣的循環，不管是從古代的夏、商、周，或比較近代的元、明、清等等各朝代都一樣，他們走過來的步調（pattern）都是一樣的。

初期可能這個國家很強盛,到了中期也許敗象已出,有時候會有救世主出現,有時候沒有,那些比較長的朝代中間會有一個救世主出來,但當這個救世主不見以後,這個朝代又開始走向滅亡。

我建議對操作有興趣的人,有時間可以讀一本歷史書——《資治通鑑》(詳見註1)。我好像是從國中或小學開始閱讀這本書,念完之後大概就知道,人性事件會一再重複。

把每次操作都記錄下來,作為未來交易的參考

每個人操作總有順與不順的時候,當面臨不順、開始出現虧損的時候,你一定要把對跟錯記錄下來,當事件重複發生時就可以回去看;在順的時候,也把它記下來,等到有類似的狀況出現時,也是你參考的重要依據。

註1:資治通鑑

《資治通鑑》是北宋司馬光所主編的一本長篇編年體史書,共294卷。記載的歷史跨16個朝代,包括秦、漢、晉、隋、唐統一王朝和戰國七雄、曹魏蜀漢東吳三國、五胡十六國、南北朝、五代十國等等其他政權,共1,362年的逐年記載詳細歷史。此書是中國第1部編年體通史,在中國史書中有極重要的地位。

　　例如 2016 年 6 月 24 日，英國舉行脫歐公投竟然成功，震驚了全球股市，一個世界上最老牌的民主國家之一，其公民對這個議題竟如此輕忽及輕率，變成了一個相當程度的黑天鵝事件，當天全球股市（包含台灣）驟跌，一根長黑 K 是否會讓股市有一個波段的下跌，這時就可以回顧之前是否有相同的事件，或是觀察盤後紀錄，有沒有類似的數據紀錄出現。

　　2016 年 6 月 24 日與 2015 年 8 月 24 日的盤後紀錄就有類似的現象，台股當天都是大跌，收了一根長長的黑 K，但是盤後資料卻顯示，外資期貨未平倉的多單並未大減反而增加（詳見圖 2），而且當日融資大減超過整體融資餘額的 1%，外資繼續買、散戶已賣光光，2015 年 8 月 24 日之後的盤勢是上漲，所以我們在 2016 年 6 月 24 日這一天，就可以預期英國脫歐這個事件並不會造成後續的波段下跌。

由小到大、由少到多，不要一開始就死在市場上

　　雖然我自己早年是沒有先模擬，就開始買賣期貨，所以繳了不少學費（笑），但我建議，不管是模擬後進場，或是只想直接進場才有感覺的人，實際進入期貨市場買賣，最好都由小型

圖2 脫歐公投時的籌碼與2015年8月24日類似

台股期貨近月合約價格、外資未平倉日線圖（2015.08.24）

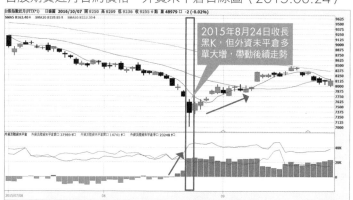

台股期貨近月合約價格、外資未平倉日線圖（2016.06.24）

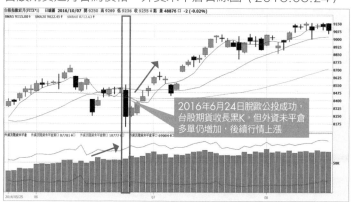

資料來源：XQ全球贏家　　整理：麥克連

台指期開始做。我也是從1口開始操作,小台1口、小台2口、小台3口,接著才是大台1口、2口、3口,慢慢放大部位。

雖然有些人認為,下4口小台等於1口大台的部位,但4口小台的手續費卻比1口大台手續費多,從手續費來看下小台很不划算;但是,我覺得千萬不要為了手續費而冒大險,初進期貨市場就用大台進場,那會死得很快。

人是感情的動物,任何情緒的變化都會影響到操作,看對行情時,多數的投資人心中難免會感到喜悅,然後開始貪婪起來,會情不自禁的開始放大部位,這是難避免的;同樣的,行情看錯了,就會煩惱,會恐懼,就會想不要進這個市場,導致放掉了下一波賺錢的機會。所以,把資金控管好、先模擬、由小而大,一步一步來,才不會被自己的心理障礙所困住。

我再說一次,期貨是個高槓桿工具,先由小台到大台,由少部位到多部位,慢慢操作,不要急,先求不要死在市場上,才有成功的那一天。

▶▶ Chapter 5

選擇權篇》
多重戰法靈活操作

5-1 把契約再分買權與賣權 槓桿操作更自由

　　選擇權是比期貨再複雜一點點的契約，兩種有相同又有些不同之處。上一篇有介紹期貨（詳見第 4 篇），是買家與賣家約定在未來特定時間，以事先約定的價格在固地的地方（期交所）交易，選擇權也是一樣，事先約定未來某時間點以某價位在期交所交易，台灣的期貨與選擇權都是每個月的第 3 個週三結算，這些是兩者相同之處。

　　不過，選擇權的交易更複雜，跟期貨主要有 3 大點不同：第 1 點，期貨只能買進跟賣出，但選擇權除了可以買進與賣出，又分為 2 種權利型態：買權（Call）、賣權（Put）；第 2 點，選擇權具有時間價格，期貨則沒有；第 3 點，同一天到期結算的期貨只有 1 個價格，但同一天到期的選擇權，卻有一整排的指數履約價合約，每個履約價的價值與成交價又各不同。

看好股市就買進買權，看壞股市就買進賣權

首先介紹選擇權獨特的買權與賣權兩種權利型態的設計，「買權」是一個看好股市的商品（預期股市會上漲），如果股市後續不斷上漲的話，買進買權的投資人就賺錢；相反地，「賣權」就是個看壞股市的商品（預期股市會下跌），如果股市後續不斷下跌的話，買進賣權的投資人就賺錢。

換句話說，買進買權，就是看好股市後續會持續上漲，漲愈多就賺愈多；買進賣權，就是看好股市後續會持續下跌，跌愈多賺愈多。所以，買權與賣權最大的區別在於「能夠賺錢的方向不同」。

買賣選擇權就跟我們在市場買菜一樣，想像選擇權就是１顆高麗菜，買方想買、賣方想賣，而且雙方都是在固定的地方（菜市場），這個交易才會成立，譬如說我今天想買進買權，就一定要有人賣出買權。

在一個交易中，買方跟賣方的立場是不同的，舉例來說，今天買進買權的人，當然希望股市持續上漲，這樣才能一直賺

表1 除了買進賣出，選擇權還分買權、賣權
──選擇權基本4式

交易方式	買權（Call）	賣權（Put）
買進（Buy）	看大漲	看大跌
賣出（Sell）	看盤跌	看盤漲

整理：麥克連

錢，但是對於賣出買權的人，如果股市一直上漲，就會虧錢，漲愈多虧愈多，所以當然希望不漲反跌，這就是立場的相反。

所以，這樣的買方、賣方立場，及買權、賣權，就構成選擇權交易的 4 個面向：對買方來說，買進買權希望股市上漲，買進賣權希望股市下跌；對賣方來說，賣出買權希望股市下跌，賣出賣權希望股市上漲，可以看表 1，更加一目瞭然。

選擇權價格高低主要受3個因子影響

前面提到選擇權跟期貨不同之處，還有第 2 點時間價格，與第 3 點的一整排指數履約價合約，要了解不同之處，這就

要從一開始選擇權的發明者講起。

選擇權是由兩位獲得諾貝爾經濟學獎的布雷克博士（Dr. Fischer Black）和修斯博士（Dr. Myron Scholes），所創造的選擇權定價模型（Black-Scholes Option Pricing Model），1973 年，芝加哥選擇權交易所正式成立，使得選擇權市場的交易有了共同的規範，清算公司的成立更進一步降低了交易風險，提高參與者的信心。

在這個選擇權定價模型裡，有 5 個主要影響選擇權的因素，我們把它稱「因子」，這 5 個因子加上理論的誤差值，形成選擇權的理論價，這 5 個因子我用簡單的圖形畫出來（詳見圖 1），不過，其中特別重要的有 3 個：標的資產價格、距離到期時間（時間價值）、履約價，後兩者就是造成選擇權跟期貨不同的主要因素。

因子1》標的資產價格

這應該很容易理解，台指選擇權當中的標的就是台灣加權指數，所以標的價格顧名思義就是台灣加權指數現在的價格，這一點跟期貨是一樣的。

因子2》距離到期時間

選擇權跟期貨一樣,都有一個到期結算日,也就是每個月第3個週三,但期貨沒有時間價值,選擇權卻有時間價值。這點特別重要,選擇權的合約距離到期結算日愈遠,時間價值就愈高,各履約價的點數就會比較高;相對地,如果距離到期結算日愈近,時間價格愈低,各履約價的點數就會比較低。

圖1 **5個因子會影響選擇權合約的價格**
——影響選擇權的因子

整理:麥克連

　　舉例來說，以 2016 年 8 月 29 日這天來看，9 月份結算的選擇權 9,100 點履約價的買權價格是 82 點，10 月份結算的選擇權 9,100 點履約價的買權價格是 135 點，11 月份結算的選擇權 9,100 點履約價的價格是 152 點。

　　一樣是 9,100 點的履約價，同一個時間點，距離目前時間愈短的合約價格比較低，時間價值也較低，賣權也是一樣的道理，9 月份 9,100 點賣權價格 140 點，10 月 9,100 點賣權價格 218 點，一樣也是距離愈遠價格愈高。其實，這很好理解，因為時間愈近，「翻盤」的機率愈低，時間價值當然就愈低。

因子3》履約價

　　這點也跟期貨不同，同一天結算的期貨合約只有 1 個價格，但是同一天結算的選擇權合約卻有一整排的指數履約價排列，不同履約價都有不同的價值，也有不同的交易價格。

　　這就是選擇權第 3 個影響價格的因子——履約價，履約價是指投資人可以在結算日那天，履行約定的價格交易。以買進買權為例，我花 20 點買 1 個未來看漲到 9,200 點履約價的買

權，結果結算的時候是 9,100 點，根本還沒有到履約價，這履約價的價值在結算日即為零。

所以現在指數位置不同，不同履約價也會影響選擇權價格，以圖 2 的例子來說，當你要買 7,800 點的買權，就必須花 600 點購買，但是如果你覺得只要買在履約價 8,300 點，就只需要花費 87 點，這就是不同的履約價，有不同價格的原因。

履約價與加權指數相比，具有履約價值稱為價內

由於同一天到期的選擇權還有不同履約價的合約可以交易，我們就得認識 3 個選擇權術語：「價平」、「價內」、「價外」，主要是在描述履約價與標的價格的關係，以圖 2 為例說明：

1. **價平**：履約價與加權指數的價格相近，以圖 2 來說，加權指數為 8,396.2 點，履約價 8,400 點就是價平。

2. **價內**：履約價和加權指數的價格相比，已經符合可以履約的條件，就是價內。以買權來說，履約價數字比加權指數還低的，如 8,350 點、8,300 點、8,250 點等依序往下的履

約價，就是價內。而以賣權來説，就是相反，履約價在加權指
數之上的，如 8,450 點、8,500 點、8,550 點等依序往上，
就是價內，也就是説，這些價格，如果當下就要結算的話，是
可以收到錢的，具有履約價值。

　　3. **價外**：價外就跟價內相反，還沒到履約價值的點位，就
稱為價外。

 履約價愈低的買權愈價內、愈高者愈價外
──台指選擇權報價範例

加權指數　　　　　　履約價

台指远(TXO)	台指選擇權現貨 8396.20s ▲95.54 +1.15%					2016/05W4		台股指數近月 8385s ▲101 +1.22%				
	買權Call							賣權Put					
	買進	賣出	成交	漲跌	單量	總量	履約1天	買進	賣出	成交	漲跌	單量	總量
	555	1100	--	--	0	0	7700	--	0.1	0.1s	0.0	2	255
	520	1000	600s	▲100.0	2	2	7800	--	0.1	0.1s	0.0	2	887
	487	875	477s	▲75.0	1	6	7900	0.1	0.2	0.1s	▼0.2	1	437
價內	435	825	458s	▲106.0	1	13	7950	0.1	0.2	0.1s	▼0.2	1	422
	387	388	388s	▲86.0	3	64	8000	--	0.2	0.1s	▼0.2	1	1840
	337	338	337s	▲85.0	1	55	8050	0.1	0.2	0.2s	▼0.4	5	502	價外
	287	288	288s	▲86.0	6	396	8100	0.1	0.2	0.2s	▼0.6	1	737
	237	238	238s	▲86.0	12	979	8150	0.1	0.2	0.2s	▼1.0	2	2223
	186	187	187s	▲83.0	4	2132	8200	0.1	0.2	0.2s	▼3.2	21	8685
	136	137	137s	▲80.0	4	8601	8250	0.1	0.2	0.1s	▼8.1	1	15432
	87	88	87s	▲59.0	1	32216	8300	0.1	0.2	0.1s	▼21.4	20	41904
	37.0	37.5	37.0s	▲27.3	96	99163	8350	0.1	0.2	0.2s	▼58.8	20	105047
價平	0.1	0.2	0.1s	▼1.9	1	145624	8400	12.5	13.0	13.0s	▼88.0	1	113733	價平
	0.1	0.2	0.1s	▼0.4	40	22417	8450	62	63	63s	▼87.0	1	14854
價外	--	0.1	0.1s	▼0.1	1	1866	8500	112	113	112s	▼86.0	2	420	價內
	0.1	0.2	0.1s	▼0.1	20	373	8550	163	164	163s	▼85.0	1	123
	--	0.2	0.2s	▲0.1	10	451	8600	213	214	203s	▼95.0	1	21
	0.1	0.2	0.1s	0.0	20	309	8700	102	675	--	--	0	0
	0.1	0.2	0.1s	0.0	20	421	8800	202	800	--	--	0	0

資料來源：XQ全球贏家　　　整理：麥克連

所以說影響選擇權定價最主要 3 個因子，履約價、時間價值、還有標的資產的價格是多少，我沒提到的其他部分是定價模型裡面較細微的，比較少人去用，或是一般交易人不太用的部分，就不需要知道這麼細微的東西了。

剛開始接觸選擇權很可能把買權、賣權、買方、賣方搞混，我建議，如果操作選擇權分不出買賣權的時候，就先專心學會一個，譬如專心學會買權，那賣權的操作就是與買權相反，買權指數愈小愈貴，賣權指數愈大愈貴。

市場波動愈高，選擇權價格也會愈高

最後補充兩個名詞：波動率跟市場恐慌指數（簡稱 VIX），波動率是說在其他任何條件都不變的情況之下，在同一個交易契約，也就是同一個到期日，標的資產價格變動的幅度。

標的資產價格的波動幅度與選擇權價格變動率成正比，但有趣的是，雖然台指選擇權的標的是加權指數，但由於台指期貨的走勢往往領先加權指數，因此，在結算日之前，台指期的價格波動程度對台指選擇權的報價影響最大，一直到了結算日才

會以加權指數為主。

　舉例來說，當大家都覺得市場會大跌的時候，看好選擇權的賣權會大漲，就一窩蜂湧入市場，我出 2 元、你出 3 元、他出 4 元，賣權的價格漸漸就會提高，波動率就會從 20% 變成 40%，增加 1 倍；當大家覺得會上漲或大漲，那買權的波動率就會變高。

　這道理就像流行感冒盛行時，口罩生產廠商在製造成本、營運成本、原物料都沒有變化的情況下，因為大家怕被傳染，都需要口罩，導致口罩價格大漲，口罩市場很熱，波動率就會提高，所以對於買賣雙方來說，都會很喜歡高波動率的時候。

　波動率也拿來應用在恐慌指數上，美國與台灣期交所編製的恐慌指數，就是利用選擇權的賣權波動率來作為指標，當賣權波動率提高，代表投資人不計成本地買進很多賣權，使買進價格與本來應有的理論價格差距加大，讓選擇權賣權價格大漲，這也是用買方策略在波動率放大時預期點數會上漲的操作。

徹底練熟香草型策略
4大基本式就足以賺大錢

以下 3 篇我會介紹選擇權的 3 種策略，這一篇先介紹第 1 種策略，第 1 種策略非常簡單，當覺得未來加權指數會大漲時就買進買權，覺得會大跌就買進賣權；預期指數會慢慢跌下來就賣出買權，會慢慢漲上去就賣出賣權。國外稱此策略為香草型（Vanilla）選擇權策略。

遠傳事件，讓我把30萬元翻成1000萬元

這就是前一篇有介紹過的選擇權基本 4 式（詳見 5-1），不要小看這簡單 4 式，我光是用看漲就買進買權這一招，就用 30 萬元賺到 1,000 萬元，買進買權的特性就是看對可以讓你賺大錢（獲利無限），看錯卻只需要支付權利金（損失有限）。什麼是權利金？後面會介紹，容我先講個我的小故事給你聽。

有買我第 1 本書的人知道我在 2013 年 4 月 29 遠傳（4904）跟中國移動簽訂戰略合作協議這天，進場買進選擇權大賺，把 30 萬元本金翻成 1,000 萬元，成為我後來在股市翻身的基石，其實，這一役我沒有運用複雜的選擇權策略，就只是買進價外的買權。

我知道這一天會往上漲的原因，主要是因為在那個時候台股漲跌幅限制是 7%，但是那天一開盤的時候，期貨就快要到漲停板了，而摩根台股指數期貨很快地就漲了 13%，最後漲到 15% 的漲停板。

摩台指的漲停板限制是 15%，而台股、台指期當時的漲停板是 7%，意思是說，台股當天的漲幅被 7% 漲停板卡住，所以我預期隔天台股會再往上漲，而且還會再拉 1 根漲停去跟摩台指會合，但當我尾盤要買期貨時，已經接近漲停價了。

不過對選擇權來講，遠一點的價位（價外），價格反應還沒有期貨這麼大，所以當天我去買遠價位的選擇權買權，那時候買的部位大概是 30 萬元左右。最後快收盤時，30 萬元大約放大到 250 萬元的價值，我平倉之後，再把這 250 萬元買

進更遠的價位，意思是指可以用相同的錢買到更多的口數，讓明天一旦指數真的如期大漲，會讓我今天盤末建立的部位，可以再大漲一次，而且漲的幅度會更大。

為什麼漲幅會更大？這跟選擇權特有的波動率有關，如上一章所說（詳見 5-1），選擇權標的資產價格的波動率會放大或縮小選擇權的點數，如果波動率放大，會讓原來價位（履約價）的點數在任何條件不變的情況下，點數放大。舉個例子來說，如果 1 個買權的點數是 20 點，在不同的波動率之下（如 15% 與 30%），會讓 20 點變成 23 點（20×1.15）與 26 點（20×1.30），兩者相差了 3 點，1 口就差 150 元了（1 點權利金為新台幣 50 元）。

回到那時的時空環境，首先是因為那時候的自營商都是做賣方，由於賣方的風險無限大，只要是做賣方，自營商都會有停損的規定，賣方停損就必須要不計任何代價，會去追價賣出，那一天有曾經追價到選擇權漲停板，選擇權很少會漲停板的，但是那天居然被追價到漲停板了，那是因為自營商不計損失地追價、將部位砍掉，所以才會在很短的時間之內放大波動率，讓價格一下拉很高。

其實這種情形，在 2015 年 8 月 24 日因人民幣大跌造成恐慌的這天也是一樣，可以看到賣權幾乎到漲停板的情況，就是因為有些自營商跟選擇權的大戶，這一天是被迫要斷頭的，也有被迫平倉的，這種是屬於比較大的事件。

具以小搏大特性，看準趨勢就能用選擇權獲利

遠傳事件裡，我就是善用選擇權買方以小搏大的特性，我只要付出小小的權利金，就可以換取很大的獲利空間。下面我來介紹什麼是權利金，以及相對應的保證金，操作選擇權策略一定要認識這兩個名詞。

買方付權利金，買履約權利

選擇權有一個很好玩的特性，就是想買的人要付出一筆錢，這筆錢的專有名詞叫「權利金」，譬如說買方要用 46 點買 9,200 點這個履約價的合約，賣方就可以收到 46 點，這 46 點就是權利金。

46 點並不是指 46 元，選擇權規格現在是 1 點等於新台幣 50 元，所以總金額是 46 點 ×50 元 = 2,300 元。買方付權

利金給誰？是付給願意賣出這個選擇權的賣方，賣方就可以收到這筆錢，例如我現在付出 2,300 元的當下，賣方也就收到了 2,300 元。

我買的這個選擇權的合約，名義上就是我的，但是這只是名義上，當下是還沒有辦法拿到的，因為還沒有到結算日，假如距離結算日還有 24 天，這個交易就是預先訂下契約，雙方約定在 24 天之後做交割，所以這個選擇權合約還不完全算是我的。

賣方付保證金，保證到期履約

買方所買的選擇權合約會放在期貨交易所裡面，由期貨交易所負責保管，但是總不能這麼沒保障等到 24 天之後吧，萬一賣方在結算前反悔不賣了，買方不就投訴無門，損失了已經付出的權利金，所以期交所也要跟賣方收一筆錢，避免賣方跑掉，這筆錢就叫「保證金」，保證賣方會履約交割。

所以一筆交易下來，買方支付權利金，賣方收權利金，賣方同時也要付一筆保證金給期交所，這樣到了結算日的時候，期交所才可以主持大局，把這筆選擇權合約交給買方履約。

買方獲利無限、損失有限，但賺錢機會較少

對於選擇權買方來說，有一個很有利的設計，就是如果今天買方買了某個選擇權合約，到了結算日當天，它變得沒有價值，我就可以放棄從期交所拿到我所購買的合約（也就是買方可以選擇放棄、不履約）。譬如說，我在今天付了 2,300 元買某選擇權合約，假設買進後合約價值一直下跌，跌到只剩 0 了，我可以選擇不理這個合約，不一定要把它拿回來（指不一定要履約）。

所以對買方來講，當下付出的權利金，就是你在這筆交易中付出的最大金額，風險已經確定了，這 2,300 元就是最大的損失成本。假設合約價值漲到 3,000 元，我就賺了 700 元；漲到 4,000 元，我就賺到 1,700 元，所以說漲愈多，我愈高興，一定會履約。

對買方來說，合約價值跌下來就不高興，但是再不高興，也才損失 2,300 元，不管漲跌，我所付出的最大金額就是 2,300 元。對賣方而言，則是希望這個合約價值跌愈多愈好，跌到 0，就可以把買方的 2,300 元全部收走；如果跌到 1,500

元,賣方還可以拿 800 元回來;跌到 1,000 元,可以收回
1,300 元,所以說,對賣方來講下跌較好。

那如果漲上去呢?從 2,300 元漲到 3,000 元,賣方就要
負責把這 700 元差價給買方,雖然賣方收了權利金 2,300
元,但 700 元差價要由賣方補,如果再漲到 4,000 元,就
要補 1,700 元給買方。

這時候,保證金就派上用場了,就是用來補差價,期交所
先收一筆保證金,假設是 2,000 元,如果最後合約價值漲到
3,000 元(差價 700 元),期交所就會從保證金 2,000 元
中抽出 700 元差價給買方,最後交易所退給賣方的金額就是
1,300 元;同樣道理,當合約價值漲到 4,000 元,期交所就
要從保證金中拿取 1,700 元給買方,最後退 300 元給賣方。

賣方獲利有限、損失無限,但賺錢機會較多

對賣方來說,風險就大了,萬一合約價值一直漲上去,賣方
就要被迫一直補保證金的金額,假設合約價值漲到 5,000 元,
賣方就要再拿 700 元保證金補給期交所,所以對賣方來說風

險是非常大的，如果合約價值一直上漲的話，最多也只會收到
2,300 元，還要一直補錢給買方；如果合約價值下跌到 0，
最多也只能收到 2,300 元，所以賣方的利潤是有限的，且最
大利潤在一開始就鎖定了。

　　所以買方跟賣方在風險跟獲利都是不一樣的。或許你會想
問，既然賣方風險高、利潤固定，誰要去當賣方？但是根據產
品發展出來的實證結果是，買方風險有限，但是獲利的機率是
低的；而賣方風險是無限、獲利有限，但賺錢的機會是高的。

　　這個實證結果的原因來自盤勢的走法，盤勢簡單說就是分成
上漲，下跌及不漲不跌，不論中外，盤勢大多時間是處在不漲
不跌的區間中，這也是讓選擇權的賣方策略為大多數人採用。

　　所以根據這個實證出來的結果，就發展出很多策略，因為如
果沒有這些策略，就沒有人要去做賣方了，有這些策略出現，
對賣方來說才有利可圖。就很像去買大樂透一樣，中國信託
就是賣方，風險是非常高的，萬一買樂透的人中了 2 億元、3
億元，要付出的金額是很高的，但相對買樂透的中獎機率非常
低，尤其是你只用 50 元、100 元這種小金額去買，機率就

更低，所以就會有所謂的策略出現。

下面篇章我會再介紹不同的選擇權策略，這些策略能讓選擇權變成一個好的獲利工具，而就我所知，市場上很多人就靠這個作為累積財富的工具。

香草型選擇權指的就是選擇權的基本 4 式，我簡單解釋，若買入買權，當合約價值漲超過履約價，買方的獲利就開始上升；而買入賣權則相反，當買入賣權後，我們會希望合約價值跌，當跌破履約價的時候我們就開始賺錢。

賣出買權，是希望合約價值下跌，低於履約價就會獲利，如果是上漲就會虧損；賣出賣權，則是希望合約價值上漲，超過履約價就會獲利，低於履約價的話就會損失。

做對自動加碼、做錯自動減碼，比期貨更好賺

此外，選擇權還有一個特性，就是做對了，獲利會自動加碼；做錯了，損失自動減碼。我們知道一旦買對標的，有了獲利就要加碼，才能把獲利放大；而買錯標的，就要減碼或是停損，

但是逢高再追、虧損要砍，對很多人而言會有心理障礙，然而選擇權可以克服這個困難。

當我買進選擇權後，利用選擇權自動加、減碼的特性，即使什麼都不做，只要做對了方向，獲利不僅是會隨著標的價格上漲而增加，而且增加的幅度是比期貨這種 1 比 1 等比的關係還大。

舉例來說，9 月小型台指期在 9 月 8 日收盤價位在 9,239 點，若操作 1 口小型台指期貨（1 點跳動 50 元，與選擇權相同），在這個點位放空，直到 9 月 14 日收盤在 8,875 點，賺到 364 點，獲利報酬率為 87.71%，但若是買 1 口選擇權的賣權 9,200 點價平的位置，9 月 8 日收盤價位在 63 點，9 月 14 日收盤在 329 點，賺到 266 點，獲利報酬率則為 422.22%，遠大於做期貨的報酬率（詳見圖 1）。

會有這樣的表現，就是選擇權獨有的自動加（減）碼功能，在選擇權的專業術語叫「Delta 值」，這個值是用來表示標的價格變動對權利金價格變動的影響，也就是當指數變動 1 點時，選擇權權利金會增加或減少的多寡。

圖1 相同波段，操作選擇權獲利比期貨高許多

小型台指期日線圖

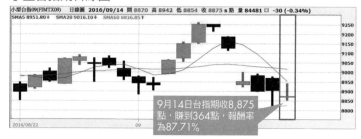

9月14日台指期收8,875點，賺到364點，報酬率為87.71%

台指選擇權賣權日線圖

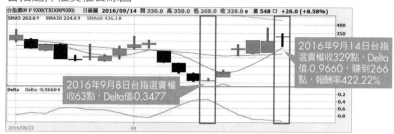

2016年9月8日台指選賣權收63點，Delta值-0.3477

2016年9月14日台指選賣權收329點，Delta值-0.9660，賺到266點，報酬率422.22%

資料來源：XQ全球贏家　　整理：麥克連

　　而因為指數與買權呈現正向關係，與賣權呈現負向關係，所以買權的 Delta 值為正，賣權的 Delta 值為負，但不管是正或負，我們要看的是數值，當 Delta 數值愈大，會讓選擇權愈有價值，這種不等比的增減，就是比期貨吸引人的地方。

5-3 善用跨式與勒式 在特殊事件時拉大獲利

前一章介紹最簡單的香草型策略,買進買權(賣權)以及賣出買權(賣權)的方法。假如是買進買權,如果合約價值一直上漲,你的獲利就愈來愈高,若是買進賣權,則是合約價值愈跌獲利愈高,買跟賣是相反的。

第 2 個策略我要來介紹一些在特殊事件發生時非常好用的策略——選擇權勒式與跨式,又可分為買進勒式、買進跨式、賣出勒式、賣出跨式這些組合交易策略。

別被這些名詞嚇到,其實沒有很難,不妨花些時間了解一下這些名稱,當你跟其他投資人或專家聊天時,講到「今天在9,000 點與 9,200 點時,做了一個賣出勒式組合⋯⋯」那你們談話的內容就會瞬間變得有深度多了,能夠探討的問題也就可以更為深入。

　　所以不妨利用閒暇時間，去多多了解這些策略或是其他相關的資訊，讓你彷彿置身雲端一樣俯瞰世界，不過跨式與勒式用文字解釋較難以理解，我認為可以用圖像來幫助記憶，使用起來也會比較快速。

勒式組合》**同時往履約價兩邊價位買進或賣出**

　　首先來說明何謂「勒式組合」？在履約價平的兩邊稍微遠一點的價格，來進行交易，注意！是「兩邊稍遠的價格」喔！可以想像成騎機車好了，當你在騎機車的時候，是不是兩隻手都要去握住龍頭，這樣才可以降低出意外的風險，行車起來更加穩固？勒式就好比抓住兩邊龍頭的手，在距離正中央履約價平的兩邊價格進行買賣交易，譬如說今天履約價平是在8,000點，那我就可以在正負200點的價格進行交易，也就是7,800點跟8,200點（詳見圖1），利用這兩個點位，以買方或賣方的方式，來進行交易。

　　以賣方來說，勒式就是賣出一個8,200的買權，同時賣出一個7,800點的賣權，這樣就可以把7,800點到8,200點之間的範圍鎖死，如果指數只在這個區間裡面跳動的話，不管

怎麼樣我都還是可以賺到錢，只要不要跌出或漲出這個區間之外，就可以獲利。

　　而就買方來說，勒式就是買進 8,200 點的買權，同時也買進 7,800 點的賣權，這個交易適合用在預期未來指數可能會出現大漲或大跌的情形，但又不確定到底會漲或是會跌，就可以用這個策略。

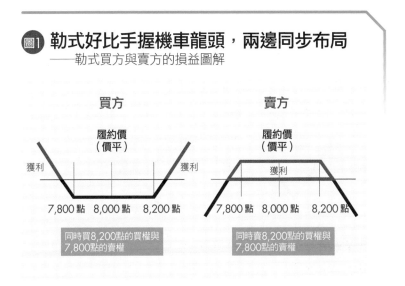

圖1 勒式好比手握機車龍頭，兩邊同步布局
──勒式買方與賣方的損益圖解

買方

履約價
（價平）

獲利　　　　　　　　　獲利

7,800 點　8,000 點　8,200 點

同時買8,200點的買權與
7,800點的賣權

賣方

履約價
（價平）

獲利

7,800 點　8,000 點　8,200 點

同時賣8,200點的買權與
7,800點的賣權

整理：麥克連

跨式組合》**同時買（賣）履約價的買權與賣權**

　　跨式就好比騎馬一樣，人坐在馬背上，兩隻腳跨過馬身體的兩側，想像一下這個畫面，騎馬時人的身體一定是直挺挺地聳立在馬背上，這就好像是選擇權的履約價一樣，在同一個履約價下，同時買進買權跟賣權，也就是你的左右兩隻腳，因此不管指數上漲或下跌，都還是有可能獲利的。舉例來說，履約價

圖2 跨式就像騎馬，布局履約價的買權與賣權
——跨式買方與賣方的損益圖解

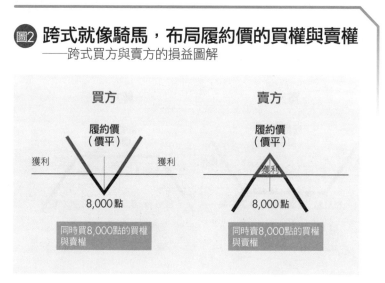

整理：麥克連

平是在 8,000 點時，可以同時買進 8,000 點的買權跟賣權，來預測未來會發生大漲或大跌的行情。

預期市場波動大買勒式，波動小買跨式

勒式或跨式的區別在於，勒式布局價外，保證金比較便宜，跨式布局價平，保證金比較貴。

假設在加權指數剛好 8,000 點想布局，採取買進勒式的選擇權策略，一般會布局 200 點以上的價位，也就是同時買進 8,200 點買權與 7,800 點賣權，因為 8,200 點買權是現在還沒有漲到的價位、7,800 點賣權則是現在還沒有跌到的價位，都處於價外，保證金相對會比較便宜。

但跨式組合就是以價平的價格去買進，譬如上述舉的 8,000 點例子，在 8,000 點買進買權跟賣權，雖然比價外貴一點，但還是比價內便宜很多，也因此，如果市場漲很多，價平雖然也會上漲，但不如價外來得多，不過仍然是能夠賺錢獲利的。

所以，如果今天我預測市場波動大的時候，就會選擇勒式組

合;波動小的時候就會使用跨式組合。但是比較少人會用跨式，因為我們講買方獲利機會較賣方低，所以不希望把成本放得太高;市場上使用勒式組合的人居多，選擇遠一點的兩邊價格來做一對。　　付出較低 權利金換取大報酬

而對賣方而言，跨式的賣方跟勒式的方式相同，只是買權與賣權同在一點上做賣出，如圖 2 的 8,000 點位置，同時賣出履約價 8,000 點的買權與賣權，這是預期最後結算價就在 8,000 點附近，收取時間價值的權利金。

話說回來，雖然有實證結果證明買方獲利機會較低，最主要的原因是因為指數的跳動通常都是一個區間範圍內，很少跳太上去或跳太下來，譬如說 2016 年 7 月開始到 8 月底的加權指數，最低也不過 8,569 點，最高 9,200 點，這 2 個月內的變動幅度沒有很大。

每一次的上漲或下跌波段後，通常都會開始整理，所以就我的過往經驗來說，大部分的指數都是屬於整理區間，不會有過大的波動。一般來講，做賣方的人只要鎖定履約價的左右兩邊，就可以賺到這個區段的錢，比較不會虧，基本上指數都不

會漲跌超過某個高低點。

實例解析》**大盤小跌，跨式、勒式買方均賠**

講完基本原理之後，我舉一個跨式與勒式不同之處的實際操作例子。2016 年 2 月 3 日這天，是農曆春節前交易的最後一天，通常過年放假這段期間很長，若國際股市在假期間發生什麼事情，會在我們年後一開盤時，把所有事情集合起來反映出來，所以那一天很可能會大漲大跌，因此很多人會選擇在春節放假前做買方，不管是做跨式或勒式，都是一樣的。

當天的選擇權報價如圖 3，如果我想要在 8,100 點做買進跨式，所以 8,100 的買權 67 點、8,100 的賣方 130 點，1 點 50 元，權利金總共是（67 點＋ 130 點）× 50 元＝ 9,850 元。當天指數是 8,063 點，介於 8,000 點跟 8,100 點中間，所以可以兩邊都買，當然也可以只買一邊沒有關係，如果買比較價外的價格，價格又會更便宜，所以我會買在 8,100 點會比較便宜一點。

如果我做的是買進勒式，一樣是買 8,200 點買權跟 7,700

點賣權，買權 8,200 是 28.5 點，7,700 點賣權是 21.5 點，總成本是（28.5 點＋ 21.5 點）× 50 元＝ 2,500 元，兩者比較起來，勒式的成本是不是小很多？這是因為勒式是買在價外，會更便宜，若預測漲跌幅度會更多，就會賺錢。

等到過完年第 1 天（2 月 15 日）開盤的時候，台股期貨跌了 116 點，期貨是領先加權指數，當指數下跌是對賣權比較有利，買權就虧了。來看過年前布局的跨式策略（當天選擇權

圖3 買方做勒式與跨市，勒式的權利金低廉許多
——台指選擇權報價（2016.02.03）

資料來源：XQ全球贏家　　整理：麥克連

「黑色」→勒式　　「紅色」→跨式

報價，詳見圖4），同一個點位 8,100 跟 8,100 的買權跟賣權，一個賺了 51 點（賣權），一個虧了 54 點（買權），這樣是損失 150 元（3 點 ×50 元）。

如果是勒式的話，會損失比較多，因為更價外，成本是比較低的，所以獲利的可能性會比較低，希望用小博大的翻盤機率本來就比較小，這道理就像你花 50 元買樂透跟花 500 元買樂透，一定是 500 元成本的樂透中獎機率會比較高，多 10

圖4 新春開盤下跌，勒式組合損失比跨式大
——台指選擇權報價（2016.02.15上午8點49分）

資料來源：XQ全球贏家　　整理：麥克連

327

倍。所以想要用低成本賺錢的話,如果最後沒有大漲大跌,只是小幅波動,就比較容易虧損。

市場行情波動愈大,做買方勝率愈高

看完上述的實際操作例子之後,這時候就會想到,如果做賣方的話,就會賺錢啦!因為買方是虧損的,那我只要賣給你,我就是賺錢了,這是相對應的。所以為什麼你做賣方,可能會有比較大的風險,但是實際上做下來會比較容易賺到錢。

那買方到底什麼時候適合用跨式、勒式策略?我認為是遇到特殊事件的時候比較適合,因為它的波動通常比較大,特殊事件比如說像是總統發表演說、選舉、某些重要的經濟數據公布。

目前反應最靈敏的經濟數據,就是美國在每個月的第 1 個週五,公布非農就業人口的數字,這反映美國上個月的失業率與就業狀況,通常數據一公布出來之後,會造成美股較大的波動,如果數字好美股就會上漲,數字不好美股就會跌,反應都很大,所以很多人會在前幾天用這種策略操作,因為美國會漲

跌很大，相對就會影響台灣，所以台灣也很多人在做。

另外像是台灣在 520 新任總統就職大典的時候，總是會發生一些事情讓波動幅度變比較大，這個時候如果是做買方的話，波動大，就能賺到比較多的錢。

以 2016 年 5 月 20 日蔡英文總統的就職典禮為例，當天早盤買進 8,050 點跨式組合，賣權是 86 點，買權是 88 點，總成本是（86 點＋88 點）×50 元＝8,700 元，最後買權上漲到 315 點（詳見圖 5），光是買權就賺了 1 萬 1,350 元，扣掉賣權的成本 4,300 元，還是獲利 7,050 元，因為若大盤波動幅度很大，買方就容易賺錢，所以遇到特殊事件，會造成劇烈波動的時候，就是做買進勒式或跨式策略的好時機。

雖然有些人會把美國聯準會（Fed）升息視為重大事件，但我覺得美國聯準會升息那一天是不適用的，因為之前大家都預期好了，當日波動應該有限。

不過，當然你也可以去「賭」一下，就是在開會的前兩天進場，一年之中 Fed 會開幾次會議，在會議之前也可以用這一

520當天，買進買權1口就獲利逾1萬元

台指選擇權買權5分鐘線圖

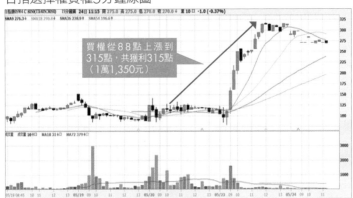

> 買權從88點上漲到315點，共獲利315點（1萬1,350元）

台指選擇權買權5分鐘線圖

> 賣權從86點下跌到0點，共虧損86點（4,300元）

資料來源：XQ全球贏家　　整理：麥克連

套去賭，看它最後公布出來是升息還是維持不動，如果真的升息，指數立即的反應有可能是會大跌的，這時候買進賣權就會賺；如果什麼事都沒講、利率也維持不動，就有可能會大漲，這時候買進買權就會賺。當然，漲或跌的幅度要大，不然賺的就無法把虧的補回來了。

所以特殊事件法就是適合跨式或勒式的買方，如果你覺得波動會「更大」，就可以用勒式買方，這樣獲利機會比較大，如果是小小的特殊事件，就可以用跨式試試看。

**建立價差交易策略
預防大盤意外超漲、超跌**

　　上一章我介紹賣出勒式是在區間裡面賺取獲利，但是指數也是有跳出去的可能，為了避免這種可能性，就可以選擇使用選擇權的「價差交易策略」。

　　價差交易是證券自營商最喜歡的交易方法，如果後市看多的話，就可以採取多頭價差，多頭價差是由買權多頭價差跟賣權多頭價差組合；看空後市則可採取空頭價差，也就是買權空頭價差跟賣權空頭價差組合。

為賣出勒式「加買保險」，是自營商常用的策略

　　當自營商認為指數只會在某一個區間裡面變動，就會在這個區間點或是之外的 1 檔來做賣方，把這邊的獲利鎖住，只要指數在區間內就不會虧錢，這就是所謂的賣出勒式。

不過，行情是不可能永遠如我們的預期，為了減少指數跳出去原來布局區間的風險，就可以在區間外面加一個保險，將風險鎖起來，這就是選擇權價差交易。

例如，交易人認為本次契約的指數只會在 9,500 點與 9,000 點間跳動，所以在這兩個點位建立賣出勒式部位，如果跳離這 500 點的區間，比如愈往下跌，那賣出賣權的部位就會一直虧損；而萬一往上漲，換成賣出買權就會虧損。

為了避免這種突然跳出所設定區間的黑天鵝事件帶來大額的損失，原先在區間內做賣方，這時，就可以在區間價外做買方，用價外較便宜的權利金，當成保險費用，就可以把跳出去的風險鎖起來；如果兩邊都買，這樣不管是跳哪一邊，損失風險都會鎖起來，也不會發生無限虧損的情形。這種把原來賣方風險無限的特性轉變過來，還保有獲利機會的性質，是非常受自營商喜愛的交易策略。

當然，這種「加了保險」的選擇權操作方法會比純做賣出勒式的成本高，純做賣出勒式的策略只有賣出買權及賣出賣權所付出的保證金成本，而改成價差交易，就會加上買進買權及買

進賣權的權利金成本，但是加了這部分的成本，會讓交易的風
險大幅下降。

　　這就有如保險的概念一樣，人生難免會遇到風險，所以購買
保險變成是一個必要的資產配置，當遇到重大的意外或疾病，
當初買的保險就發生了效果，承擔了部分的損失。相同地，價
差交易中的買進買權及買進賣權的權利金成本，就是這個選擇
權賣方交易策略的保險。

預期盤整，買權空頭價差與賣權多頭價差實例

　　舉例來說，假如指數現在是 9,284.62 點，若在 9,500 點
合約賣 1 個買權，就可以收到這個 9,284.62 點到 9,500
點的區間利潤，這個利潤就是買方所支付的權利金；同樣地
在 9,000 點合約賣出賣權，可以收到 9,284.62 點到 9,000
點的區間利潤，這一樣是買方支付的權利金。只要大漲沒有漲
過 9,500 點，或是跌破 9,000 點，這個方法就會獲利。

　　但是，賣方風險仍要顧慮，萬一不小心漲跌超過這個區間，
就可能有大幅損失，可以採用價差交易策略，在 9,700 點合

約買 1 個買權，由於 9,700 合約點離價平指數更遠，指數到
這個價格的機率更低，所以權利金點數更低，比如 9,500 點
合約的權利金是 25.5 點（詳見圖 1），而 9,700 點合約是 4.5
點，所以假設沒有漲過 9,500 點的話，我若只建倉 1 口，就
可以賺到 1,050 元的利潤（不計算手續費與稅費）算式如下：

（25.5 點－ 4.5 點）×50 元＝ 1,050 元

同樣，若在 9,000 點合約賣出賣權、收 47 點的權利金，
但在遠一點的 8,800 點合約買進 1 個賣權，需要付出 21.5
點，結算的時候只要沒有跌超過 9,000 點，可以賺到 1,275
元的利潤（不計算手續費與稅費）算式如下：

（47 點－ 21.5 點）×50 元＝ 1,275 元

所以，只要指數結算的時候在 9,000 點到 9,500 點這個
區間內，就可以獲利 2,325 元（1,050 元＋ 1,275 元）。

但如果漲破了所設定的區間 9,500 點甚或是 9,700 點，
或是跌破了 9,000 點甚或是 8,800 點該怎麼辦？會用價

圖1 只要指數結算在布局區間內，獲利2325元
——台指選擇權報價範例

台指盡(TXO)		台指選擇權現貨 9284.62s ▲49.36 +0.53%					台股指數近月 9236s ▲49 +				
			買權Call				2016/10			賣權Put	
買進	賣出	成交	漲跌	單量	總量	未平倉	剩餘交易	買進	賣出	成交	漲跌	單量
1690	1790	--	--	0	0	0 ◀	7500 ▶	0.5	0.6	0.5s	▼0.1	40
1590	1690	--	--	0	0	1 ◀	7600 ▶	0.7	0.8	0.7s	0.0	2
1490	1590	--	--	0	0	0 ◀	7700 ▶	0.7	0.9	0.8s	▼0.1	153
1390	1490	--	--	0	0	2 ◀	7800 ▶	1.0	1.1	1.0s	▼0.1	5
1290	1390	--	--	0	0	10 ◀	7900 ▶	1.2	1.3	1.2s	▼0.2	2
1190	1290	--	--	0	0	113 ◀	8000 ▶	1.4	1.6	1.4s	▼0.3	2
1090	1190	1140s	▲50.0	1	1	103 ◀	8100 ▶	1.8	1.9	1.9s	▼0.5	3
995	1090	--	--	0	0	16 ◀	8200 ▶	2.5	2.6	2.5s	▼0.7	1
895	985	940s	▲50.0	28	28	136 ◀	8300 ▶	3.3	3.5	3.3s	▼1.4	1
795	885	--	--	0	0	250 ◀	8400 ▶	4.6	4.7	4.6s	▼1.9	1
735	750	745s	▲50.0	1	134	1207 ◀	8500 ▶	6.8	7.1	7.1s	▼3.4	3
635	690	655s	▲55.0	1	62	443 ◀	8600 ▶	9.9	10.0	9.9s	▼4.1	16
545	555	540s	▲35.0	1	59	614 ◀	8700 ▶	14.5	15.0	14.5s	▼6.5	3
456	457	456s	▲40.0	1	202	1060 ◀	8800 ▶	21.0	21.5	21.5s	▼10.5	1
364	370	365s	▲35.0	1	419	2382 ◀	8900 ▶	32.0	32.5	32.0s	▼12.5	2
279	285	281s	▲28.0	1	1028	3399 ◀	9000 ▶	47.0	47.5	47.0s	▼19.0	2
207	209	208s	▲29.0	1	1727	6920 ◀	9100 ▶	71	72	71s	▼22.0	1
141	142	141s	▲22.0	1	5487	10743 ◀	9200 ▶	105	106	105s	▼28.0	7
89	90	90s	▲17.0	10	16902	19129 ◀	9300	151	153	152s	▼35.0	1
49.5	50	50s	▲10.5	4	15373	18772 ◀	9400 ▶	209	216	217s	▼36.0	1
25.5	26.0	25.5s	▲6.0	1	12275	22354 ◀	9500 ▶	279	291	289s	▼46.0	2
11.0	11.5	11.5s	▲2.5	4	6793	13346 ◀	9600 ▶	367	416	368s	▼53.0	1
4.5	4.9	4.5s	▲0.7	15	4452	12483 ◀	9700 ▶	425	510	473s	▼42.0	1
1.9	2.1	2.1s	▲0.3	1	1074	5537 ◀	9800 ▶	520	570	--	--	0
1.0	1.1	1.2s	▲0.2	1	302	2645 ◀	9900 ▶	625	710	--	--	0
0.6	0.8	0.7s	▲0.1	1	41	1994 ◀	10000 ▶	725	805	--	--	0

（手寫註記：淨得 21桌×50）

價差策略獲利計算（不計算手續費與稅費）

買權空頭價差	買進9,700點買權，支付4.5點	（25.5-4.5）×50 =1,050 獲利1,050元
	賣出9,500買權，收取25.5點	
賣權多頭價差	買進8,800點賣權，支付21.5點	（47-21.5）×50 =1,275 獲利1,275元
	賣出9,000賣權，收取47點	

（手寫註記：淨得 25.5桌×50）

資料來源：XQ全球贏家　　整理：麥克連

差策略就是要鎖住損失，那麼會不會有損失？損失最多就是
200 點，這 200 點是從買權的 9,500 點到 9,700 點，以及
賣權的 9,000 點到 8,800 點這個區間而來。由表 1 的模擬
可知：

未突破區間

情況 1：如果指數在 9,500 點到 9,000 點之間，買權空
頭價差可獲利 21 點，等於 1,050 元，賣權多頭價差可獲利
25.5 點，等於 1,275 元，兩者相加獲利 2,325 元。

〔方向往上〕淨損失＝ 200-21-25.5
＝ 153.5

情況 2：如果漲破 9,500 點，到了 9,700 點之上不管再
漲到多高，損失就固定在 179 點，但加上賣權多頭價差的獲
利 25.5 點，損失為 153.5 點，1 點 50 元，換算成金額為
7,675 元，這也就是這個策略的最大損失。

〔方向往下〕

情況 3：同樣地，如果指數一直跌，跌到 8,800 點之下，
不管再跌到多低，這套策略的損失就固定在 174.5 點，但加
上買權空頭價差的獲利 21 點，損失只剩下 153.5 點，等於
7,675 元。

結論是，這套策略只要在結算時，點數在區間內就是獲利，

表1 價差交易策略模擬獲利與損失情形

買權Call

買賣點＼結算價位	9,400	9,500	
買9,700點買權	-4.5	-4.5	
賣9,500點買權	25.5	25.5	
獲利／損失	21.0	21.0	

賣權Put

買賣點＼結算價位	9,100	9,000	
賣9,000點賣權	47.0	47.0	
買8,800點賣權	-21.5	-21.5	
獲利／損失	25.5	25.5	

註：單位為點；負值表示虧損　　整理：麥克連

超過區間，不管向上漲超過或向下跌超過區間，這個策略最大損失就是153.5點。可以想一下，假設沒有使用買方保護（付出4.5點與21.5點的成本當成「保險費」）、只單純做賣方的話，只要指數直線上漲或下跌，虧損的錢就會愈來愈大，若不停損就會被期貨商強迫平倉甚至還要多付保證金。但是若

	9,600	9,700	9,800	9,900
	-4.5	-4.5	95.5	195.5
	-74.5	-174.5	-274.5	-374.5
	-79.0	-179.0	-179.0	-179.0

	8,900	8,800	8,700	8,600
	-53.0	-153.0	-253.0	-353.0
	-21.5	-21.5	78.5	178.5
	-74.5	-174.5	-174.5	-174.5

加了 4.5 點與 21.5 點的買方保護後，不管跌多少或漲多少，最多就是損失 153.5 點，付出保險費就是希望將最大風險鎖住，這就是價差交易。

當然如果心裡有預測會上漲（主要是緩漲）或下跌（主要是

緩跌）的話，就不用去做買權賣權的空頭多頭價差交易策略，只要做單邊的價差交易就好了，比如已經預期會一直往上漲，就只要做賣權多頭價差，同樣的如果預期會一直跌，那就做買權空頭價差即可。

聽了一堆策略名詞會不會頭痛？這裡我們用原來的例子，再複習一下賣出勒式跟價差交易架構的差別：

賣出勒式架構：
共有 2 組合約：1 個賣出買權＋ 1 個賣出賣權
①賣出買權 9,500 點合約→看漲不過 9,500 點
②賣出賣權 9,000 點合約→看跌不破 9,000 點
結論：結算只要在 9,000 點到 9,500 點都賺錢

買賣權價差交易架構：
在賣出勒式外的區間再買進 1 個買權＋買進 1 個賣權
①買進 9,700 點買權→漲過 9,700 點開始獲利，用較少的價外權利金當成萬一上漲超過 9,500 點的保費
②賣出 9,500 點買權→看漲不過 9,500 點 ← 原來的
③賣出 9,000 點賣權→看跌不破 9,000 點 ← 賣出勒式

④買進 8,800 點賣權→跌破 8,800 點開始獲利,用較少的價外權利金當成萬一下跌破 9,000 點的保費

結論:只要在 9,000 點到 9,500 點都賺錢,但萬一跳出區間,上漲超過 9,500 點,或是下跌超過 9,000 點,損失固定

價差交易又可再分為多頭價差與空頭價差:
將上面 4 組選擇權合約拆開來
①跟②為買權空頭價差→鎖住區間加保險
③跟④為賣權多頭價差→鎖住區間加保險

價差策略的布局點位:最大未平倉量的履約價

有一個關鍵問題,為什麼要賣在 9,500 點跟 9,000 點的合約呢?為什麼不賣在更相近一點的履約價呢?愈價內收到的權利金愈多,這樣我不會賺更多錢嗎?要如何判斷合適的點位,來最大化利潤以及最小化風險呢?

市場其實都有一個慣性,大家覺得會漲、會跌的時候,都會

一窩蜂地去搶，造成超漲、超跌；還有另一個慣性，就是會有一個不會漲破、或是不會跌破的點位，不管是做跨式或勒式的買權賣權，最後一定都會有一個點位是最多交易人聚集的，那個點位就是選擇權的最大未平倉量。

選擇權各個履約價位都有未平倉口數的統計，以 2016 年 9 月 23 日為例，買權的最大未平倉量的履約價在 9,500 點，意思是說多數人預期指數要漲也不會漲破 9,500 點，賣權的最大未平倉量則在 9,000 點，意思是大多數人預期，大盤要跌也不會跌破 9,000 點，大盤最有可能的盤勢就是在 9,000 點與 9,500 點之間游走（詳見圖 2）。

上面的例子，一個是賣出 9,000 賣權、買進 8,800 賣權；賣出 9,500 買權、買進 9,700 買權，為什麼設這個價位？就是賣在指數上下兩邊的最大未平倉量，然後，再買再價外 200 點的兩檔來鎖住風險。

最佳應用時機：結算後1週、重大數據公布後

基本上，多頭價差與空頭價差策略隨時都可以應用，但我認

為最好進場布局的時機，是在路已經走了 1/4 到 1/3 的時候，以月選擇權來說，大概就是結算後下一週的週末會比較好，因為期貨與選擇權結算是第 3 週的週三，行情已經進行 1 週多，距離下一次結算還有 3 週左右，這個時候通常行情都已經有個大致上的方向，搭配本書前面提到的籌碼判斷大盤的 8 大指標（詳見第 2 篇），較有經驗的投資人一般都可以判斷出看多指數或看空指數到約略哪個價位的機率較高，就很

圖2 最大未平倉量可看出市場對指數漲跌的看法

——台指選擇權報價（2016.09.23）

台指選(TXO)　台指選擇權現貨 9284.62s ▲49.36 +0.53%　　台股指數近月 9236s ▲49 +0.53%

買權Call							2016/10	賣權Put						
買進	賣出	成交	漲跌	單量	總量	未平倉	剩餘27天	買進	賣出	成交	漲跌	單量	總量	未平倉
1690	1790	--	--	0	0	0	7500	0.5	0.6	0.5s	▼0.1	40	312	1492
1590	1690	--	--	0	0	1	7600	0.7	0.8	0.7s	0.0	2	218	3734
1490	1590	--	--	0	0	0	7700	0.7	0.9	0.8s	▼0.1	153	272	3068
1390	1490	--	--	0	0	2	7800	1.0	1.1	1.0s	▼0.1	5	616	7308
1290	1390	--	--	0	0	10	7900	1.2	1.3	1.2s	▼0.2	2	503	3436
1190	1290	--	--	0	0	113	8000	1.4	1.6	1.4s	▼0.3	2	1353	9155
1090	1190	1140s	▲50.0	1	1	103	8100	1.8	1.9	1.9s	▼0.5	3	929	7499
995	1090	--	--	0	0	16	8200	2.5	2.6	2.5s	▼0.7	1	1138	8178
895	985	940s	▲50.0	28	28	136	8300	[illegible]	[illegible]	[illegible]	[illegible]	[illegible]	[illegible]	8382
795	885	--	--	0	0	250	8400	[illegible]	[illegible]	[illegible]	[illegible]	[illegible]	[illegible]	8627
735	750	745s	▲50.0	1	134	1207	8500	[illegible]	[illegible]	[illegible]	[illegible]	[illegible]	[illegible]	14676
635	690	655s	▲55.0	1	62	443	8600	[illegible]	[illegible]	[illegible]	[illegible]	[illegible]	[illegible]	13123
545	555	540s	▲35.0	1	59	614	8700	[illegible]	[illegible]	[illegible]	[illegible]	[illegible]	[illegible]	13584
456	457	456s	▲40.0	1	202	1060	8800	[illegible]	[illegible]	[illegible]	[illegible]	1	[illegible]	17591
364	370	365s	▲35.0	1	419	2382	8900	32.0	32.5	32.0s	▼12.5	2	[illegible]	16904
279	285	281s	▲28.0	1	1028	3399	9000	47.0	47.5	47.0s	▼19.0	2	14009	18000
[illegible]	[illegible]	[illegible]	[illegible]	[illegible]	1727	6920	9100	71	72	71s	▼22.0	1	7603	11133
[illegible]	[illegible]	[illegible]	[illegible]	[illegible]	5487	10743	9200	105	106	105s	▼28.0	7	6131	7002
[illegible]	[illegible]	[illegible]	[illegible]	[illegible]	6902	19129	9300	151	153	152s	▼35.0	1	1565	1328
[illegible]	[illegible]	[illegible]	[illegible]	[illegible]	5373	18772	9400	209	216	217s	▼36.0	1	865	736
[illegible]	[illegible]	[illegible]	[illegible]	[illegible]	[illegible]	22354	9500	279	291	289s	▼46.0	2	201	203
[illegible]	[illegible]	[illegible]	[illegible]	[illegible]	6793	13346	9600	367	416	368s	▼53.0	1	24	33

賣權最大未平倉量在9,000點，意思是大多數人預期指數要跌也不會跌破9,000點

買權最大未平倉量在9,500點，意思是大多數人預期指數要漲也不會漲破9,500點

資料來源：XQ全球贏家　　整理：麥克連

適合使用價差交易策略。

　這套方法最好不要在「隔天」剛好就有重大數據要公布的時候布局，例如，美國聯準會（Fed）在台灣時間今晚要講話或公布重大消息，就不要在早盤布局價差策略，最好還是等到訊息公布後，隔天再進場布局。

　若看財經行事曆，在下一次的結算前有重大數據要公布，預期波段會放大，這一套方法還是可以使用，就把建倉的點位距離再調整一下，假設心中預期數據看好的機率高，美股會上漲，那就將賣出賣權從 9,000 點移到 9,100 點。

　例如，若預期美國聯準會 2 週後會宣布要升息，全球股票會下跌，就可以把點位做一個調整，賣出買權可以從 9,500 點移到 9,400 點或 9,300 點，就可以賺到更多的利潤。

　另外一種就是可以把保護拉遠一點，譬如預期結算時 9,500 點不太可能會漲破，就把保護從 9,700 點移到 9,800 點，只要可以保險就好，因為 9,800 點的權利金少，只有 2.1 點，所付出的成本更少，當然這個保險的範圍就變成 300 點了。

　　盤整的時候，價差策略最好用，譬如說我覺得最近大盤不會直飆向上，也不會馬上崩盤，到結算日之間，我預期區間9,500點就是一個高點，指數應該會一直在區間盤整，不會漲超過9,500點。

　　我就可以賣9,500點或9,600點的買權，由於選擇權有時間價值的設計，愈到結算日，時間會愈來愈少、時間價值就會愈來愈低，作為選擇權的賣方就是在收取這個時間價值的錢，只要沒有漲過去這個點位，這段期間時間價值我就都賺走了。但是我又怕萬一有個超大事件突然發生，為了保險起見，我再買個9,700點或9,800點的買權作為保險，這就是價差交易的精神。

5-5 沒有百分百賺錢的方法 隨時要具備停損計畫

這裡不免俗的還是要強調操作選擇權應該注意的事情，跟期貨一樣，老話一句，選擇權這種衍生性金融商品，最重要的還是「資金控管」，如果資金管理得不好，操作紀律也不好的話，就容易虧損。

資金管理中最重要的一環就是停損，因為沒有即時停損，最怕的下場就是「沒柴燒」。舉例來說，當我有 100 元投資的時候，虧損 5 元，我需要 5.3% 的報酬率才能再賺回 100 元；如果虧損 20 元，就需要 25% 的報酬率才能再賺回 100 元；那如果都虧損一半了，則我需要 100% 的報酬率，才能再回到 100 元。

也就是說，如果沒有即時停損的話，虧損愈多，我之後就必須花更多的力氣才能再賺回一開始的資金，透過表 1 試算，

相信讀者應該可以感受到資金控管的重要性。

　我一再強調，投資人在學會投資之前，就必須要學會「停損」，正所謂留得青山在，不怕沒柴燒！停損這個動作就是留住你手上的木材，讓它繼續燃燒下去，如果拿了 100 元出來投資，堅持要等到虧損 90 元了才不得不停損，那除了手上的

表1 當虧損達5成，剩餘資金得翻倍才賺回本金
——總資產虧損比率與回復本金所需報酬率

操作損失比率（%）	回復本金所需的報酬率（%）
5	5.3
10	11.1
20	25
30	42.9
40	66.7
50	100
60	150
70	233.3
80	400
90	900

整理：麥克連

柴火消耗殆盡之外，還需花費 900% 的力氣（900% 的報酬率），才能回到 100 元的原始資金啊！

與其追求高勝率，不如學會妥善停損

懂得停損之後，操作策略也很重要，需要找到適合自己的操作策略，而不是聽信他人什麼穩賺不賠的方法。譬如說，有一個勝率 75%、失敗率 25% 的操作策略，跟一個勝率 25%、失敗率 75% 的策略，你以為勝率高的一定比較賺錢嗎？如果賺一點就跑，賠了很多還捨不得停損，高勝率還是沒辦法讓你賺大錢。

舉例來說，當使用高勝率策略，漲 20 點就賣出、虧損 60 點才停損，一點 200 元，操作 100 次後，75 次勝利、25 次失敗，所以總獲利是 75 次 ×20 點 ×200 元＝ 30 萬元，虧損是 25 次 ×60 點 ×200 元＝ 30 萬元，只是不賺不賠。

當使用低勝率策略，獲利 60 點賣出、虧損 20 點就停損，做了 100 筆之後，25 次勝利、75 次失敗，獲利是 25 次 ×60 點 ×200 元＝ 30 萬元，虧損是 75 次 ×20 點 ×200

元＝ 30 萬元，盈虧相加後的結果，與高勝率操作法是一樣的。

所以說，雖然找到勝率高的操作方式，但如果操作習性不好，還是可能不賺錢甚至賠錢啊！後者如果懂得停損，操作習性好，儘管失敗率高，也不見得會虧損。

勝率高低其實不是最重要的因素，懂得停損，才是操作策略中重要的事情。找到勝率高的方法當然是很好，但是操作的方式不對，或跟自己的習性不合，無法立刻停損，最後的結果跟勝率低操作法其實是一樣的。

找到規則就必須紀律執行，切忌被人性干擾

所以我還是要再三強調停損的重要性，不要讓虧損持續擴大；如果想要擴大獲利的話，就不要太早出場。但是，其實人性都是恰恰相反的，當人在買股票的時候，通常都會選擇賣出賺錢的那一檔，反而留下虧損套牢的股票，雖然聽起來很奇怪，但是仔細想想身邊的我、你、他都曾經這麼做過。

舉例來說，股票 A 賺了 20%，股票 B 虧了 80%，大部分的

人都會賣出賺錢的股票 A、留下虧損的股票 B，在股票市場裡面尤其這樣子，在投資操作時候，都會先把賺錢的賣掉，把已經賺到的錢收回來，虧損的就放著，期待有一天會不會再賺回來，結果是深深地套牢！這是人性很難避免的，所以，我們要透過自己訂下的規則、有紀律地執行。

一般來說會賺錢的股票，代表它的「未來性高」，可能會讓我賺進 40%、60%、80%，當股票持續上漲，代表我買的方向是對的，此時就不應該輕易把看對的股票停利。

可是如果我預期股價要上漲，股價卻是一直往下跌、開始虧損，跟我的預期是相反的，代表我看錯了，既然錯了就應該要趕快賣掉。

這個道理，不論在趨勢盤、盤整盤都是一樣的，譬如說我買股票 A，一定是認為在盤整低點所以才會買，我認為趨勢開始發動了，可是走勢卻剛好相反，那這樣應該是要處理它，而不是放任不管！

相反地，我在盤整的時候買了一檔符合預期的股票 B，它也

開始發動趨勢往上漲，那這樣就不會賣掉它，但是事實上很多人都會賣掉，卻留下跟預期相反的股票 A，因為人想要把錢收回來的欲望實在太強烈，卻不想面對虧損，這就是人性。

股票買賣本來就是建立正確的觀念，保留獲利增加的投資、丟掉持續虧損的投資，不論哪個股神都是這樣說的。

期權是零和遊戲，停損觀念比操作股票更重要

我建議讀者，在還沒有交易之前就要先把這個觀念建立起來，特別是期貨與選擇權這類衍生性商品。期權市場是零和遊戲，市場上一個人賺錢，就是有另一個人虧錢，而且期權商品都有結算日，如果停損的觀念沒有建立起來，就貿然進場，會很危險。

所以停損的觀念，放在操作選擇權跟期貨來看，又比操作股票更重要，股票就算虧損了，至少未來可以領到股利，可以慢慢耗，當然前提是你挑到基本面好的股票，只要不是急需用到的錢，放著日後還有機會獲利，如果選擇基本面差的，股票最後下市，也是一樣血本無歸。

懂得上述觀念後，我現在的操作方法是只要停損點到了我就會出場，我的停損點最常用是破5日均線、破10日均線兩種。

很多人會問，可不可以用固定的停損點或停損的比率呢？我認為沒有一套完美的停損策略，而是要選擇適合你自己的停損策略。像我以前都用固定停損率的方式，例如虧損10%才出場，結果常發現停損的時候已經虧太多了，所以後來才用破線的方法，雖然可能讓虧損比較少，當然也有可能會錯失一些獲利的機會，譬如可能會賣在低點，但這卻是最適合我的方式。

說了這麼多，其實只是想強調停損的重要性，但停損的方式需要靠你自己摸索，像我自己可以今天因為下跌賣掉、明天又再漲上來，代表我看錯，我可以認錯重新進場買進，在這之前的虧損歷史就會全部抹掉，但是有人就會揪心肝，念念不忘而買不下手，我也聽過有人在這一檔賠了錢，就一輩子都不會再碰這檔股票了，那他就不適合我的這種停損方法。

我建議，每個人可以從小額的資金進場練習，找到自己的操作習性，摸索出最適合自己的停損方法，然後，就規律地執行，在股市提款吧！

附錄

麥克連的大盤8指標紀錄表

這大盤紀錄表是我手動每天記錄的表格，經過多年來，我觀察大盤的指標增增減減，有新的想法就再增加記錄，所以表格

日期	加權指數	加權指數漲跌	漲跌幅	成交量	道瓊指數漲跌	那斯達克指數漲跌	費半指數漲跌	外資買賣超	新台幣匯率	外資期未平倉[（大小
5月18日	8159.68	19.20	0.24%	648.11	(3.36)	23.39	10.46	(24.11)	32.705	32,248
5月19日	8095.98	(63.70)	-0.78%	602.19	(91.22)	(26.59)	(4.61)	(83.99)	32.802	29,159
5月20日	8131.26	35.28	0.44%	582.63	65.54	57.03	20.35	(0.95)	32.752	37,850
5月23日	8344.44	213.18	2.62%	905.55	(8.01)	(3.78)	4.38	84.85	32.656	38,604
5月24日	8300.66	(43.78)	-0.52%	646.38	213.12	95.27	16.18	(10.55)	32.720	31,132
5月25日	8396.20	95.54	1.15%	804.6	145.46	33.83	3.83	33.37	32.652	35,895
5月26日	8394.12	(2.08)	-0.02%	654.79	(23.22)	6.88	2.11	16.57	32.576	36,817
5月27日	8463.61	69.49	0.83%	686.26	44.93	31.74	4.13	45.71	32.528	40,838
5月30日	8535.87	72.26	0.85%	781.25	休市			139.14	32.680	39,580
5月31日	8535.59	(0.28)	0.00%	1138.6	(86.02)	14.54	3.65	37.46	32.602	39,954
6月1日	8597.16	61.57	0.72%	759.68	2.47	4.19	3.93	98.30	32.622	46,883
6月2日	8556.02	(41.14)	-0.48%	777.43	48.89	19.11	0.14	40.89	32.612	48,192
6月3日	8587.36	31.34	0.37%	648.1	(31.50)	(28.85)	2.17	89.65	32.605	47,713
6月4日	8591.57	4.21	0.05%	302.07	--	--	--	5.64	32.506	48,614
6月6日	8597.11	5.54	0.06%	619.71	113.27	26.19	(1.90)	50.81	32.402	49,714
6月7日	8679.90	82.79	0.96%	827.64	17.95	(6.96)	6.85	150.08	32.339	54,956
6月8日	8715.48	35.58	0.41%	857.86	(119.85)	(64.07)	(11.88)	129.46	32.225	55,23
6月13日	8536.22	(179.26)	-2.06%	835.88	(132.86)	(46.11)	(3.62)	(54.23)	32.435	48,99
6月14日	8576.12	39.90	0.47%	624.13	(57.66)	(4.89)	0.05	28.69	32.423	52,91
6月15日	8606.37	30.25	0.35%	728.56	(34.65)	(8.62)	(0.61)	39.49	32.441	48,872

整理：麥克連

的欄位也不是依照重要性來排列，讀者可以自己重新排序甚至增減欄位，讓你的判讀更精準、投資更順手。

未平倉口數與結算日相比	外資選擇權未平倉金額（買權/賣權）	P/C Ratio 未平倉量	前5大交易人留倉部位（所有）	前10大交易人留倉部位（所有）	前5大交易人留倉部位（當月）	前10大交易人留倉部位（當月）	散戶看多	散戶看空	散戶多空比
	95930/2996	122.1	4,096	10,742	2,616	10,068	27,975	27,603	1.03%
29,159	56903/-25755	117.9	2,880	5,931	689	5,931	22,732	19,080	11.63%
37,850	61116/-28630	129.19	5,072	11,039	3,295	9,813	20,805	23,478	-7.98%
38,604	199527/43531	158.51	6,280	11,730	3,926	10,531	23,869	28,932	-12.86%
31,132	125905/42271	146.7	6,505	12,757	4,078	10,776	22,854	23,687	-2.39%
35,895	150870/59341	129.38	8,249	14,676	5,103	12,719	23,673	27,440	-10.82%
36,817	144005/59147	132.1	8,043	13,568	4,621	12,619	23,459	27,536	-11.15%
40,838	178094/56031	139.38	7,140	14,705	4,444	13,105	23,721	30,374	-16.74%
39,580	200728/49057	147.28	8,466	15,246	4,856	13,542	24,452	31,941	-17.95%
39,954	202451/43382	142.24	7,649	14,848	4,589	12,891	23,907	30,475	-16.00%
46,883	232413/44149	147.12	8,452	15,576	4,310	13,069	25,615	34,795	-20.96%
48,192	208096/37911	144.56	4,948	14,685	2,537	12,981	25,012	33,259	-18.83%
47,713	214817/35102	144.61	4,463	13,789	1,931	11,963	25,875	33,367	-17.25%
48,614	215955/35728	145.31	4,697	13,893	1,888	11,758	25,903	33,947	-18.25%
49,714	210419/41328	144.34	2,271	14,861	2,146	12,851	25,934	33,422	-16.94%
54,956	291406/42132	160.1	881	12,214	2,252	11,569	27,354	36,653	-18.83%
55,233	332705/37930	168.26	(417)	9,057	2,743	8,567	27,232	35,704	-17.71%
48,999	182173/70265	145.41	509	9,804	4,611	7,578	25,021	28,058	-7.45%
52,919	224731/70106	154.87	1,939	12,886	4,986	7,111	24,052	29,880	-13.86%
48,872	167283/74182	116.8	(1,012)	7,122	(2,982)	5,731	26,476	29,227	-7.62%

國家圖書館出版品預行編目資料

追籌碼賺1億②──麥克連教你挑選會飆的法人認養股 /
麥克連著. -- 一版. -- 臺北市：Smart智富文化, 城邦文化
出版, 民105.11
　面；　公分
ISBN 978-986-7283-78-8（平裝）

1.股票投資 2.投資技術 3.投資分析

563.53　　　　　　　　　　　　　　105018865

Smart 智富

追籌碼賺1億②──麥克連教你挑選會飆的法人認養股

作者	麥克連
企畫	呂郁青
文字整理	劉皓涵
商周集團	
榮譽發行人	金惟純
執行長	王文靜
Smart 智富	
社長	朱紀中
總編輯	林正峰
攝影	高國展
資深主編	楊巧鈴
編輯	李曉怡、林易柔、邱慧真、胡定豪、施茵曼
	連宜玫、劉筱祺
資深主任設計	黃凌芬
封面設計	廖洲文
版面構成	林美玲、張麗珍、廖彥嘉
出版	Smart 智富
地址	104 台北市中山區民生東路二段 141 號 4 樓
網站	smart.businessweekly.com.tw
客戶服務專線	（02）2510-8888
客戶服務傳真	（02）2503-5868
發行	英屬蓋曼群島商家庭傳媒股份有限公司城邦分公司
製版印刷	科樂印刷事業股份有限公司
初版一刷	2016 年（民 105 年）11 月
ISBN	978-986-7283-78-8

Smart 智富 讀者服務卡

為了提供您更優質的服務，《Smart 智富》會不定期提供您最新的出版訊息、優惠通知及活動消息。請您提起筆來，馬上填寫本回函！填寫完畢後，免貼郵票，請直接寄回本公司或傳真回覆。Smart 傳真專線：（02）2500-1956

1. 您若同意 Smart 智富透過電子郵件，提供最新的活動訊息與出版品介紹，請留下電子郵件信箱：

2. 您購買本書的地點為：□超商，例：7-11、全家
   □連鎖書店，例：金石堂、誠品
   □網路書店，例：博客來、金石堂網路書店
   □量販店，例：家樂福、大潤發、愛買
   □一般書店

3. 您最常閱讀 Smart 智富哪一種出版品？
   □ Smart 智富月刊（每月 1 日出刊）　　□ Smart 密技（每單數月 25 日出刊）
   □ Smart 理財輕鬆學　　□ Smart 叢書　　□ Smart DVD

4. 您有參加過 Smart 智富的實體活動課程嗎？　□有參加　　□沒興趣　　□考慮中
   或對課程活動有任何建議或需要改進事宜：

5. 您希望加強對何種投資理財工具做更深入的了解？
   □現股交易　　□當沖　　□期貨　　□權證　　□選擇權　　□房地產
   □海外基金　　□國內基金　　□其他：

6. 對本書內容、編排或其他產品、活動，有需要改善的事項，歡迎告訴我們，如希望 Smart 提供其他新的服務，也請讓我們知道：

您的基本資料：（請詳細填寫下列基本資料，本刊對個人資料均予保密，謝謝）

姓名：　　　　　　　　　　　　性別：□男　□女

出生年份：　　　　　　　　　　聯絡電話：

通訊地址：

從事產業：□軍人　□公教　□農業　□傳產業　□科技業　□服務業　□自營商
　　　　　□家管

● 填寫完畢後請沿著右側的虛線撕下。